人生のリアルオプション

仕事と投資と人生の
「意思決定論」入門

湊 隆幸

BOW BOOKS

東大の異色の
先生が学生たち
と語り合った

一〇八の意思決定のはなし

はじめに

この本は、「わたしの意思決定論」です。論は、一つの見解や意見にすぎませんから、それが必ず正しいというわけではありません。ただし、この本に書いたことには、少なからず根拠があります。

この本では、また、さまざまな人たちの考えや理論、昔話などを引用していますが、それについても、解釈は自由です。ですので、読者の皆さんも、わたしが書いている引用についてはもちろん、他で引用されているさまざまなことについても、自分自身で解釈を加えて自由な考え方をなさればいいのではないかと思います。

本書の前半部分は、わたしが意思決定という分野に携わってきた中で、学術的な知識をベースに、自分自身で考えたことや経験したこと、他の人たちから学んだことを書き記しました。その内容は長年にわたり、若い人たちに、わたしが語ってきたことです。

ただし、主張するとか、教えるとかではありません。「わたしはこう考えるけど、あなたはどう考えますか」というような問いかけです。

ただ、単に問いかけるだけではなく、「では、なぜ、そのように思うのですか」という、いわば思考訓練の題材のような意味があります。ですので、読者の皆さんも、同じように考えてみてください。

つまり、本書を読みながら、「そうかなあ。わたしはこう思うけど」と自問する。ついで、「なぜ、自分はそう思うのか」を考えてみるのです。そうしていただくと、本書を読む意味も違ってくるのではないかと思います。

後半部分は、職業的な知識をまとめてあります。いわば「前半」の「根拠」にあたることがらです。読者の中には、このような知識を必要とされている方もいると思います。少しでもその手助けになればと思います。けれども、この後半についてもまた、定義や答えは一つではありません。そのような目で読んでいただけると幸いです。

後半部分の最後のほうには、難解な数学などの知識を必要とする箇所も出てきます。ノーベル賞を受賞した研究者たちが作り上げたものだったりするからです。必要のない方は気にせずに読みとばしてください。本というのは、すべてを読み、理解しなければいけないわけではありません。ただし、それをハナからスルーするのではなく、たとえ「理解」はむずかしくても、一つの式や理論ができあがっていくプロセスを「感じて」いただければいいな、とも思っています。

湊　隆幸

二〇二二年初秋

もくじ

人生のリアルオプション

はじめに……004

第1章　明日できることを今日やるな　017

簡単なロジック……019
1 満天の星……020
2 怠け蟻《アリ》のはなし……023
3 三匹の子ぶた……026
4 柔よく剛を制す……028
5 織田信長のベクトル……031
6 三年寝太郎の夢……034
7 結婚は人生の墓場……037
8 永遠のβ《ベータ》……041
9 もう一人の兼好法師……042
まとめ……044
選ぶことは、捨てること……045
10 選ばなかった損失……046

11 選ばないを選ぶ……047
12 選べない……049
13 選ばされる……050
14 選んでいる……052
15 選ばれていない……054
16 感性を捨てない……057
17 勇気を捨てない……058
18 行動を捨てない……059
19 好機を捨てない……061
20 時間を捨てない……062
21 初志貫徹を捨てる……064
22 完璧を捨てる……065
23 無限を捨てる……066
まとめ……067

認識の転換……069

24 あなたが主人公……070
25 リスクの表と裏……072
26 その先にある必然……078
27 リスクプレミアム……079
28 クリティカルパス……080
29 価値観ではなく価値……082
30 行動の柔軟性……083
31 真のギャンブラー……086

32 自分が作るバケモノ……088
33 ハインリッヒの法則……091
34 馬は食べるもの……092
35 幽霊ツアー……093
36 教科書間違っています……095
37 蜘蛛《クモ》のメカニズム……096
38 漢字の魔力……099
39 巷の情報……101
40 無駄な抵抗……102
まとめ……103

選ばれる人になる

……105
41 桃太郎のきび団子……106
42 歩きまわる……108
43 スキルを磨く……110
44 「なる」準備をする……112
45 「やってみます」……113
46 Noと言わせない……115
47 他力本願でいい……117
48 好かれなくていい……119
49 受け止めなくていい……120
50 孤独でもいい……122
51 あとずさりしていい……123

52 座礁しないために……124
53 漱石先生の個人主義……125
54 プラトーと空亡《くうぼう》……128
まとめ……131

知力アップのトレーニング 133

55 定義について……134
56 数字について……135
57 関係について……137
58 根拠について……140
59 表現について……141
60 あと一ミリ先を考える……142
まとめ……144

第Ⅱ章　欲の最大化より後悔の最小化

欲と後悔の姿……147
61 王冠を賭けた恋……148
62 得失の姿……149
63 万有引力……151
64 期待という魔力……153
65 根性という無力……154
66 転び続ける労力……155
まとめ……157

選んでしまった後悔……159
67 選ばなかった必然……160
68 選んだ後の選択肢……161
69 永遠のπ《パイ》……162
70 重力と後悔……164
71 赤信号……165
72 落とし穴……166
73 消えたダイヤ……169
74 放置する……170

75 開き直る……171
76 作り直す……172
まとめ……173

第III章 リアルオプションの理論と実践

不確実な社会……181
77 日本社会の過去と未来……182
78 情報社会のシナリオ……183
79 5つの現代社会……185
(1) プライバシーのない社会……185
(2) うす気味悪い社会……186
(3) すり抜け社会……187
(4) 正解のない社会……188

(5) 新しい価値を創造する社会 189
80 社会の分岐点 191

リアルオプションの理解 195

81 意思決定の考え方 196
82 リアルオプションとは 199
83 金融オプション 201
84 リアルオプションの例 205
(1) 婚約オプション 205
(2) 健康オプション 208
(3) 通話オプション 209

事業のリアルオプション 213

85 従来の考え方の盲点 214
(1) NPVの盲点 214
(2) PDCAの盲点 218
86 段階的な意思決定 220
87 事業オプションの分類 225
88 投資オプション 226
89 PPPとPFI 229
90 契約オプション 234
91 運営オプション 238
(1) 運営期間延長オプション 238
(2) リース料支払い延期オプション 239

コストマネジメント …… 241

92 マネジメントとは …… 242
93 ワークブレークダウン …… 245
94 キャッシュフロー …… 248
95 割引の原理 …… 250
96 費用と便益 …… 253
97 コストとVfM …… 256
98 収益率 …… 260
99 NPVの考え方 …… 261
100 EUAW …… 266
101 コスト管理 …… 268

分析のための理論 …… 273

102 金利 …… 274
103 資本コスト …… 276
104 3つの指標 …… 279
105 負債の資本コスト …… 284
106 株主の資本コスト …… 288
（1）ポートフォリオ理論 …… 288
（2）資産価格形成モデル …… 297
107 リアルオプション分析 …… 302
108 人生のリアルオプション …… 305

あとがき …… 307

たった80字の基礎知識

意思決定とは、選ぶこと。
不確実性とは、わからないこと。
オプションとは、選べる権利のこと。
オプションを現実の（リアルな）意思決定に用いるとき、
「リアルオプション」という。

第Ⅰ章　明日できることを今日やるな

簡単なロジック

1 満天の星

美しい文章は、どこか心惹かれるものがある。

「国境の長いトンネルを抜けると雪国であった。夜の底が白くなった。」

（川端康成『雪国』）

もしも「トンネルを抜けると雪国だった」ならば、おもしろくない。「国境の長い」があるから、暗闇を抜けたあとの新しい世界の予感がする。

それにしても「夜の底が白くなった」がやけに気になる。そして、満天の星を見ながらこんなことを思ったりする。もしも真っ暗闇な海で方向を見失ったらどうするか。急いでエンジンを全開してあてもなく動き回るのか。

そうではないだろう。慌てないで心を落ち着けて待つ。そう、夜の底が白くなるまで。朝が来れば太陽が東から昇ってくる。それから船を漕ぎ出せばいい。

しかし、現実の世界ではものごとは簡単ではない。今は満天の空でも、明日は晴れるかどうかわからない。つまり、朝まで待つという決定には、雨が降るかもしれないというリスクがある。

「木曽路はすべて山の中である。」（島崎藤村『夜明け前』）

意思決定は、先がどうなるかわからない夜明け前に行うときにむずかしい。しかし、夜の底が白くなれば、現実の世界が見えてくる。もしも晴れれば幸運だ。しかし、雨が降ればどうするのか。そのときは、もう一日待ってもいい。船を漕ぎ出すのは、最後の手段としてのギャンブルだ。

不確実な状況下で何かを急いで決めても、現実がどうなるかはわからない。あてもなく行動すれば、それは失敗というリスクを即座に抱え込むことになる。

待つことは「情報の価値」によって裏付けられる。では、情報の価値はどのようにして測られるのか？　日常の意思決定では直感的に決めるのでもかまわないが、実社会で応用するためには、もう少し理解を深めておこう。

情報の価値

今、船に10ℓの燃料が残っている。東へ向かえば、無事に岸へたどり着ける。東西南北へ向かう確率はそれぞれ四分の一だ。東以外に向かうと10ℓを無駄遣いしてしまう。東へ向かうと10ℓの価値は残る。だから、むやみに行動すると、平均としては5ℓの無駄が生じる。（(-10×3＋10)÷4＝-5)。だから、東へ確実に向かうときとの差は、プラスマイナス15である。すなわち、この状況下で、「こちらが東だ」という確実な情報を得た場合、その情報の価値は、15になるということだ。ただ、確実に東に向かったとしても、実際には10ℓを消費するのだから、情報の価値は5ℓということになる。

2 怠け蟻《アリ》のはなし

世の中には、自分は何もしないのに、他人にタダ乗りして利益を得るフリーライダーがいる。

怠け蟻のはなし

アリは働きものと怠けものに区別できる。そして、怠けものだけを取り出して観察をすると、怠けもののうちのかなりが働きものになる。

(イリヤ・プリゴジン『人間と自然との新しい対話』)

怠け蟻はフリーライダーだ。しかし誰も働かないと生きていけないので、働かざるを得なくなる。これは、きわめて興味深い示唆である。自分の行動は自分の都合だけでなく、まわりの状況に影響を受けざるを得ないということだ。

社会が複雑化してくれば、人々は自ずとさまざまな行動をとるようになる。いや、とらざるを得ない。その結果、世の中はますます混沌として、わけがわからなくなっていく。そんな社会ではものごとは自分の思うようにはいかない。むしろ思ってもいないような方向に進んでしまう。

人には、軸となるような何がしかの信念や価値観がある。しかし、それに固執しすぎると、不確実な世の中では、思いどおりにはいかなくなる。

キャリアアンカー理論

アンカーとは錨《いかり》の意味であり、人がキャリアを考えるときのアンカーとして、価値観、能力、動機の三つをあげている。これらをキャリア構築の軸として判断する。

（E・H・シャイン）

信念や価値観などを軸にしてキャリアを組み立てていくような考え方は、社会が不確実になるにつれてむずかしくなっている。なぜなら、知識や道具は十年後には陳腐化《ちんぷか》しているかもしれないし、今ある仕事でも、十年後にはなくなっているかもしれないからだ。

目標を定めて邁進するのも一つの生き方だろう。しかし、未来に何が起きるのかを予測するのがむずかしくなっているのが、今の時代である。社会の変化は、個人の意思ではコントロールできない。

だから、不確実性を受け入れる。

3　三匹の子ぶた

三匹の子ぶたの話を書き換えてみた。

（新）三匹の子ぶた

三匹の子ぶたは、おかあさんに会いに行こうと思っている。噂によると、最近、オオカミは体調を崩して家に閉じこもっているらしい。

長男は、噂を信じて朝一番に出かけた。そうしたら、噂は事実ではなく、オオカミに食べられた。

次男は噂を信じなかった。でも、長男がどうなったかを確かめることなく、出かけて行って、やはりオオカミに食べられた。

末っ子も噂を信じなかった。でも、兄二人がどうなったかを確かめた。そして、出かけるのを止めた。

運を天に任せるのは、最善を尽くしてからだ。それよりも、生きた情報を活用して、状況に応じた意思決定をする。
不確実な状況での生きた情報は、意思決定の鍵である。

（新）三匹の子ぶたの解釈

長男は、はなから出かけると決めている。この決定は固定的である。そして、おかあさんに会いに行くことだけを考えて、リスクを考えていない。

次男は、噂を信じなかったが、結局は情報を有効活用できなかった。

末っ子も、不確実な噂を信じなかった。そして、実際の状況に基づいた判断をした。

出かけるのは今日でなくても明日でもいい。どうしても行く必要があれば、回り道でもいい。

生きた情報を活用すれば、行動の幅やタイミングを柔軟に考えることができる。これを「**行動の柔軟性**」という。

状況が不確実なとき、行動の柔軟性を保つことは、将来を拓く鍵である。

4 柔よく剛を制す

人は大きく二種類に分けられる。
一つは、山の頂上を目指すように目標に向かう「邁進タイプ」。
もう一つは、あるがままに流されて生きるような「漂流タイプ」。

邁進タイプの行動は主体的に見える。だが考え方としては固定的である。なぜなら、なかなか自分の考えや価値観から抜け出しにくい。
漂流タイプは、大きな枠組みや方向性の中で、そのつどの情報や新しいアイデアをうまく織り込みながら、状況に応じて柔軟に行動する。主体性や価値観がないわけではない。

ある目標を掲げてそれを達成できたとしても、そこが終着点ではない。もしもその次が描けていないとしたら、道に迷う可能性すらある。
あるがままに流されていると言っても、これにも二種類ある。ただあてもなく流されている人と、大きな枠組みや方向性だけを決めて成果を積み重ねていく人である。後者が、わたしが言う漂流タイプだ。
漂流タイプが邁進タイプと違うのは、考え方が柔軟だという点である。だから、一回きりの成功や失敗で終わるのではなく、それを繰り返しながら、段階的に成長していく。

不確実な世の中では、ものごとは自分が思うようには進まないものなのである。

計画的偶発性理論

この理論は、キャリアの分岐点の約八割が本人の予想外の偶発的であるとして、その偶然を計画的に設計するような考え方である。

（J・D・クランボルツ）

どうせ偶発的だから、思うようにならないと考えるのではない。経験を積んでいくと、興味や関心が変わるかもしれない。それが人生の分岐点かもしれないのだ。

「柔能制剛　弱能制強」は中国の老子の言葉だ。

柔よく剛を制す。柔軟であれば剛いものを制することができるという意味である。力や能力だけではないですよと言っているのだろう。

しかし、力や能力だけではないと言っても、柳のように柔らかく受け身だけでは何も起きない。だから、技量を高めるような取り組みは必要だ。

不確実な状況では、**大きな枠組みの中で状況に応じて柔軟に行動する**ことを考える。

「明日できることを今日やるな」はこれを言っている。

5 織田信長のベクトル

人間は四種類に分けられる。働きものかどうか、優れているかどうかで。解釈はどのようにでもできるが、私はこう考える。

働きものは処理するのが得意な人たちだ。だから判断ではなくて、作業をたくさんやってもらう。優れているほうがいいので、優れていない人は雇わない。優れてもいないのに怠けているのは、おそらく本物の怠けものだろう。しかし、わからないので様子を見る。

	優れていない	優れている
働きもの	雇わない	スタッフとして雇う
怠けもの	様子を見る	リーダーとして雇っておく

（K.ワイク、センスメイキング）

優れた怠けものは、「仕事が楽しくない、自分でなくてもいい、そして、今でなくても後でもいい」と考えている。しかし、将来の「潜在性」を見込まれて雇われる。潜在性とは、ポテンシャルが大きくなるベクトル（方向）である。

若いころの織田信長は、「大うつけ」として知られていた。「たわけ」ではない。たわけは愚かもの、うつけは空っぽ、常識から外れた人を指す。

織田信長

今で言えば、遊び人風だった。身なりは浴衣の半脱ぎ状態、刀は朱色の二メートルほどもあるかという大太刀、町中を食べ歩くなどなど。父信秀の葬儀に遅れてやってきて、こんなことやっている場合かとばかり、抹香《まっこう》をわしづかみにして投げつけ出て行ってしまった。その反面、馬術や水泳の鍛錬を毎日怠らなかった。

（『信長公記』などから）

戦国時代の状況を考えれば、父の葬儀より鍛錬のほうが大事だったのだろう。

社会の常識は信長の非常識。信長の常識は社会の非常識。古い考え方やルールにとらわれなかった信長は、最強の戦国大名となっただけでなく、イノベーションにも功績を残した。「楽市楽座」と呼ばれる改革を行ったのはそのいい例だ。

楽市楽座

楽とは、規制がなくなって楽になったことをいう。市は市場であり、座は市場で商品の専売権などを持った、特権階級の集まり。「市座衆は領主の保護のもとに営業が保証され、販売座席を独占して、ほかの商人を排除した。」

（『ブリタニカ国際大百科事典』）

このように座を廃止したのが、楽市楽座である。

古い考えや常識にとらわれない。それよりもむしろ、潜在性のあるベクトル（方向）に目を向ける。潜在性のない明日は、おもしろくない。

6　三年寝太郎の夢

昔話には、長年にわたる人々の知恵や示唆が満載だ。

三年寝太郎

庄屋の息子だった太郎は、仕事もせずに寝てばかりいるので、みんなから寝太郎《ねたろう》と馬鹿にされていた。ところが三年後のある日、船とできるだけ多くの草履《ぞうり》を用意してほしいと父親にたのむと出かけてしまった。そして帰ってくると、草履はボロボロ。父親がその草履を洗い始めると、よごれた草履の間から金《きん》がぞくぞくと流れ落ちてきた。

寝太郎の夢が、金を手に入れることだったのは明らかだ。そしてある日、川で金をすくう人たちにただで草履を貸して、草履に詰まった金を回収する方法を思いついたのだろう。

すべてのことがなかなか簡単にいくわけではない。しかし手段は、夢や目的を実現するための必要条件である。

でも、寝太郎は手段だけを三年も考えていたのだろうか。そうではないと思う。では、寝たふりして何を考えていたのか。私はこう考える。

三年寝太郎（続き）

いつかは、自分も庄屋になる。でも庄屋の仕事は父親から少しずつ学んでいけばいい。それは、今でなくても後からでいい。

金山があることは事実だ。もたもたしていると、金はとりつくされてしまうかもしれない。だから、早く行って手に入れたい。でも、その金山にどれほどの金があるか、他の人がどうやって金を採っているかはわからない。だから、もう少し様子を見よう。

寝太郎の草履作戦は、非凡なアイデアであり、父親の資金を借りれば、実行可能である。そして、実行するタイミングを待ちながら、三年経ったある日、今がそのときだと決断した。

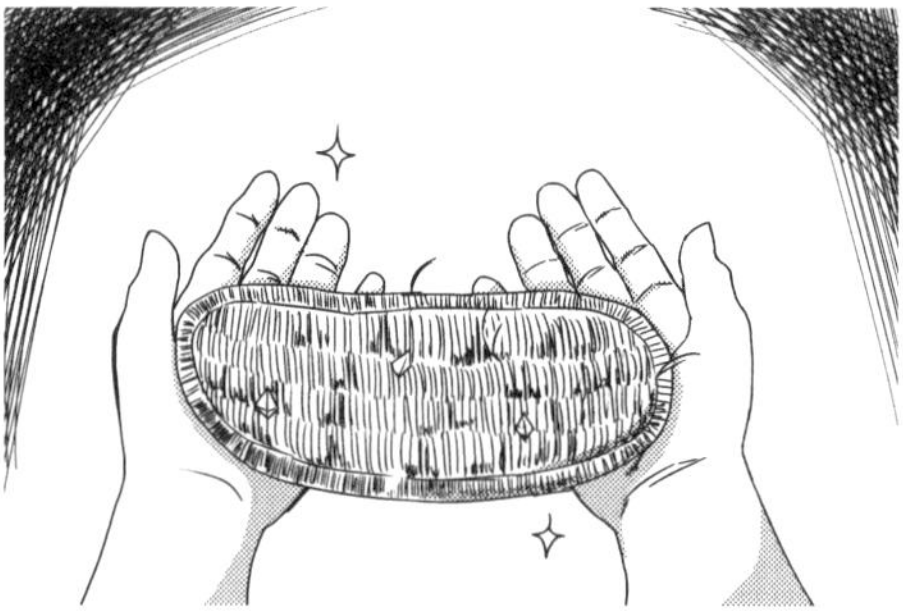

7 結婚は人生の墓場

多くの現実は、理想的な一つに決まるわけではない。世の中はどっちに転ぶかわからない。だから一つにかけるのは危険だ。

結婚は人生の墓場

フランスの詩人ボードレールがのこした言葉だ。もともとは、真に愛した人とのみお墓のある教会で結婚しなさいという意味。そして、死んだ後もそのお墓で一緒に眠りなさいということだろう。

できることならば、そうありたい。ところが、現実は願いどおりにいかない場合だってある。ではどうすればいいだろう。答えは簡単だ。すぐに決めなければいい。

以下は、あくまでも考え方としての例である。

婚約という仮契約

一つの考え方として、婚約して同居してみる。相性の良し悪しは一緒に暮らしてみないとわからない。結婚を本契約とすれば、婚約は結婚という権利を手にした仮契約である。婚約は期限を決めて区切りをつける。そして、契約なのだから違約金も設定しておく（205ページ）。

大学への登龍門

そもそも選べる大学なんてそれほど多くない。しかも選ぶのは自分ではなくて相手だ。行きたい大学があれば勉強すればいい。行けない大学のことをあれこれ考えても仕方ない。

志望校に受からなかったら浪人する。ポテンシャルが上がると、受かる大学が増える。来年はもっといい大学に受かるかもしれない。違う分野への興味がわいて志望校が変わるかもしれない。

大学への登龍門（つづき）

浪人すると余分な費用がかかる。だから、現役で入学するのも仕方ない。でも、運命的な何かがあるかもしれない。もしかしたら生涯の伴侶が見つかるかもしれない。そんなことにでもなったら大学なんてどこでもいい。あるいは、失敗した悔しさをバネにさらに成長する自分になるかもしれない。

大学という楽園

わざと留年する。学生時代の時間なんて二度とない。一人旅や社会活動などの経験を持つ。それが就職のときに評価されるかもしれない。「視野を広げるために実社会で働いてみました」。「海外の大学に語学留学しました」でもいい。「国際協力活動で一年間アフリカに行っていました」なんて、なんともカッコいい。

就職は人生の墓場

就職だって結婚と同じで、願いどおりにうまくいけば、それに越したことはない。昔と比べて今は転職することは特別でない。だから、新卒で入った会社にこだわる必要はない。たとえ不本意でもいったん就職しておく。そして稼ぎを持ちながら次の就職先をさがす。今の仕事の経験が、次の会社で評価されるかもしれない。

やりがいのある仕事なんて、そうあるものではない。自分に合わない仕事をがまんして続けるとストレスがたまる。上司と合わなかったりすると、最悪メンタルが壊れる。そうではなくて、会社を辞めることを最低ラインとして設定し、覚悟を持って準備をしておく。そして、続ける意思がなくなったときを辞めるタイミングと考える。

社会人ともなれば、寝るひまもないくらいに忙しくなる。テレビを見る時間も節約したい。テレビは生番組で見ない。全録する。生番組で見れば、すべて見たいわけでもないのに、時間を完全支配される。録画すれば、好きなところだけ早送りして見ることができる。倍速で見れば時間を節約できる。こういうふうに考えると時間が増える。

8　永遠のβ《ベータ》

どこがゴールかわからないものを一生懸命さがしても見つからない。さがす時間が無駄だ。さがしても見つからないので、最初からさがさないほうがいい。

永遠のβ

β版とは未完成品の意味である。たとえば、携帯などは、ひっきりなしにアップデートが行われる。これはユーザーから新しい情報を取り込みながら進化を続けていくサービスのあり方だ。このようなビジネスモデルは、「永遠のβ版」と呼ばれている。

できると思う最低ラインを設けて、そこを出発点とする。最初から完全を目指さない。すると、行動の組み立ても簡単になる。

9 もう一人の兼好法師

吉田兼好といえば、『徒然草《つれづれぐさ》』で有名だ。しかし、兼好法師にはこんな話もある。

兼好法師

昔、高師直《こうのもろなお》という室町幕府の執事がいた。実は、この師直、絶世の美女と言われた顔世御前《かおよごぜん》に横恋慕していた。そして、彼女へのラブレターの代筆人に指名されたのが兼好法師だった。しかし、顔世御前は手紙など見ずに投げ捨ててしまったため、師直は激怒。この役立たずと言って兼好法師を出入り禁止にしてしまった。

（『太平記』）

兼好法師だって思うようにはいかない。職を失った。

こういうふうに言うのは、何かをするときには、コスト、つまり何がしかの代償が必要になるからだ。コストは支払うもの、選択にともなうマイナスの対価である。コストには、金銭に換算できないようなものもある。経験や努力もその一つだ。貴重な時間や経験なら、お金を出してでも買いたい。

金銭は、一番使いやすい資産だ。いつでもどこでも使えるし、借りることもできる。むずかしい言葉で言えば、「流動性が高い」。

金銭は、一方、持っているだけでは役にも立たない。森林の木が切られて売られて初めて価値があるのと同じように、効果的に使わないと価値がない。

金銭は、人生で一番大切なものではない。けれど、とても大切だ。何かをやろうと思ったら、きれいごとではなくお金が必要だ。資金がないとできることもできない。だから、ときには横恋慕の恋文の代筆もしなければならないのだ。それがうまくいくとはかぎらないのでもあるが。

簡単なロジック　まとめ

- 「明日できることは今日やるな」は、不確実な状況の下での意思決定である。
- 不確実な社会は、自分ではコントロールできない。
- 不確実であれば、ものごとを今決める必要はない。
- 生きた情報を活用して、行動の柔軟性を広げる。
- 固定的ではなく、大きな枠組みや方向性を考える。
- 目指す方向は、価値の潜在性が大きいベクトルである。
- 夢や目的があっても、重要なのは手段だ。
- 手段があっても、そのタイミングが重要である。
- 完全を目指さない。最低ラインを出発点とする。
- 資金は、手段を実現するための必要条件である。

選ぶことは、捨てること

10 選ばなかった損失

選ぶことは捨てることである。寝ることは、寝ないことを捨てると決めたことと同じだ。おおかたの人は、選ぶときに失うもののことを考えていないか、気づいていない。

すべて選びたいと考える人がいる。そうできれば理想的だ。しかし、そんなことは現実的ではない。何かを選んで、「得たものは大きい」と思えるなら幸せだ。しかし、後になって「失ったものは大きい」と悔やむことがある。捨てたことへの未練だ。

捨てた損失は、選んだものと一心同体だ。選ばなかったことによる損失が大きければ大きいほど、選んだものの価値は相対的に小さくなる。

11 選ばないを選ぶ

おおかたの人は、選ぶことは考えるけれど、選ばないことを真剣に考えていない。選ばないのにも理由がある。

恭士の選択

大学に行く一番の目的は、神宮球場で東京六大学野球をすることでした。だけど他の名門校に行くとレギュラーになれそうもないから、東大に来ました。

これを非凡だと言ってしまえば、話は終わる。彼は、二つのことを意思として選んでいない。一つ目は目的のために選ばなかった他大学、もう一つは選んだ大学にある学歴である。

しかし、二つの得をしている。大学野球の機会と、その後の人生における東大卒の学歴というブランドである。そして何も失っていない。

積ん読は、一種のコレクションである。積ん読する人は本を買っても読まない。しかし、いくつかのオプションを保持し続けている。

積ん読

積ん読とは、買った本を読まないで積んでおくことである。なかなかうまい言い方だ。そう考えると、図書館は巨大な積ん読館と言える。このような一見、無駄と思われることにも道理がある。

何かを選んだときにすぐに得られるような利得《りとく》のことを「**本源的価値**」、その決定によって後から生じるものを「**派生的価値**」という。意思決定には、**長期的に見れば、派生的価値のほうが大きい**のではないかと思えるようなものがある。

12 選べない

選べないと選ばないは大きく違う。意思とは、〜しよう思う気持ちであり、選べないには意思がない。だから、つい先延ばしにしてしまう。

選べなければ、優柔不断などと言われる。しかし、それは意思というより性格の問題であり、少し違うと思う。優柔不断と言われるような人を見ていると、優しい感じがする。しかも、人の意見を聞きすぎるくらいの柔らかさのある人が多い。もちろん、慎重すぎるために意思決定のスピード感はないのだろう。

私が言いたいのは、**必ずしも今を選ばないという意思**である。現在志向の人は、今に注力することによる将来を重く見るのだろうが、それが不確実な社会で機能するかは不明だ。

13 選ばされる

意思決定で一番つまらない状況は何か。それは、選べるものが一つしかない（一つもない）場合だろう。これは、選ばされていると言ってよい。

選べるものが一つしかないのだから楽だと考える人だっている。しかし、一つしかないのなら、そもそも意思決定など必要ない。

自分に選択権があれば、自由を感じる。しかし、自由を享受することは口で言うほどやさしくない。他から何かを強いられるような危険は、どこにでもあるからだ。もしもそのような状況を自ら作っているとすれば、それは自由を放棄しているのに等しい。

さらに大事なことがある。つまらないと感じることをやることほど、自分の能力をすり減らすことはない。それに気づいていればいいけれど。

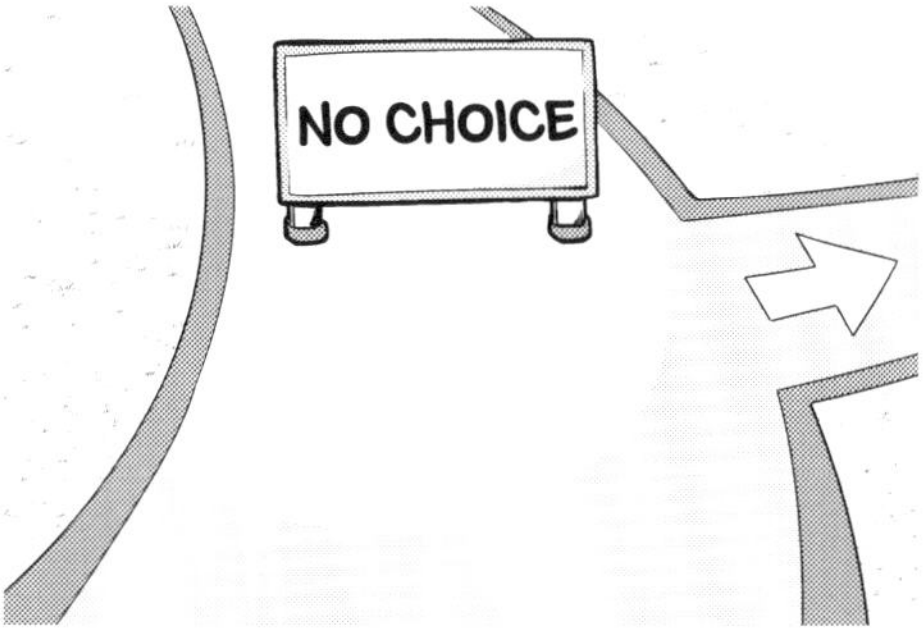

14　選んでいる

レストランでメニューを前に、最初からデザートを選ぶ。でも、食事をすれば気が変わるかもしれない。デザートを食事の前に注文する必要はないのだ。

同じことが仕事でも起きる。ハナから安請け合いをして、後になって損したと思う。

言葉にだってタイミングがある。運動会などで、自分の子どもが一生懸命走っている姿を見て、頑張れー！　と若いお父さんやお母さんが励ましている姿は、なんとも微笑ましい。でも、頑張れでも、最初に励ますのか、頑張ったねと後で褒めてやるのかのタイミングがある。

自分の行動のクセに気づいていない、どっちでもいいと思い込んでいる、あるいはタイミングを考えていない。

自分のために、家族のために、会社のために、仕事盛りに一生懸命働くのは大切だ。それを選んでいる。なかには仕事で飛び回って家にほとんどいない人だっているだろう。あなたがいないと子どもは遊びたくても一緒に遊べない。そんな親は、自分の子どもに選択を捨てさせているのも同然だ。

年配の人たちと話をしていると、働くのも必要だったが、もっと家族や友人のために時間をとっておけばよかった。もっといろいろな話をしたり、いろいろなところへ出かけたりすればよかったなどと言う。レトロな後悔なのかもしれないけれど。

自分が選んでいることを一度くらいは考えたほうがいい。それが今やるべき大事なことなのか、そのタイミングなのかどうかを。

15 選ばれていない

日本では子育ては母親がするものという考えが残っていて、それが当たりまえになっている。そもそもイクメンなどという言葉があること自体、男尊女卑の証拠だ。働く母親はずいぶんと生きづらい。仕事帰りにお酒を飲んだり、休日にゴルフにでも出かけたりしようものなら、まわりから批判されかねない。こんなとき、どう考えればいいのだろう。

理不尽だと感じたときは、声を上げるかスルーするかの二択だ。高学歴になったりするとプライドというもののために闘いがちにならないか。そうではなくて、闘わずして潔く逃げるのも一つの手だ。

逃げる方法

周囲は気にせず、シャッターとかを履ったり、あるいは、子どもがある程度大きくなれば、帰りにお酒を飲みにいったり、休日にゴルフに行ったりする選択肢だってある。あるいは、男性たちと反目するのではなく、味方にして、仕事のノウハウを学ぶという選択もある。

いつも声を上げないわけではない。しかし、自分が選ばれていない場所、つまり自分の土俵でないところは選ばない。そんな土俵に引き込まれない。それよりも自分の土俵を固めたほうがいい。

米国には、ＡＰ（Advanced Placement）という学習プログラムがある。

AP

意欲の高い高校生に大学レベルの教科を学ばせるシステム。そこで高い評価を受ければ、入試や大学での勉学が有利になる。大学でも初級クラスの受講をスキップして、たとえば社会活動に参加できる。すると、ますます評価が高まる。

ＡＰではないが、米国の親たちの中には、子どもの小学校の入学をわざと遅らせる人たちがいる。それは年上として入れば、他の子どもより成熟しているので、リーダーシップをとれるからだという。

海外では、ＡＰなどの制度により、大学が入学者を選んでいる。しかし日本では、子どもたちは学力だけの一発勝負を選ばされている。情熱や人間性などおかまいなしだ。それが疑いもなく何十年も続けられている。

16 感性を捨てない

正確にやれ、早くやれと急かされる。しかし大切なことを無視している。そのような押し付けは人々の感性を傷つける。抑圧感を与える。もはや人権侵害である。

感性

「これまでの人生で、テクニックに裏打ちされた自信を持ったことは一度もありません。でも、感性さえ磨いておけば、どんなことでもやってのけられるものです。」

（オードリー・ヘップバーン）

問題の解答をしないで、五つの解き方を書いてきた留学生がいた。枠の中にはめ込まれると、他の可能性が見えづらくなる。大切なのは、おもしろいとかつまらないと感じる心の反応だ。

17 勇気を捨てない

日本人についてこんなことを言った人がいる。十九世紀に書かれたもので、この指摘が現代の日本人に当てはまるかどうかはわからない。

勇気

「日本人の礼儀正しさと知的水準の高さには感銘を受ける。しかし、我々が美徳と数える資質のうち、日本人に欠けているものがある。それは、剛毅・勇気・果断などの男らしさである。」

（ゴロヴニン『日本幽囚記』）

「知は力なり」とは、英国のフランシスコ・ベーコンの格言である。でも勇気がないのなら、知のポジショニングを間違っている。知の趣旨は、自信や勇気を裏付ける要素としての価値にある。

18 行動を捨てない

「机上の空論」という言葉がある。頭の中だけで考えて、現実に合わず、役に立たないという意味だ。知っていること、理解できていること、そしてそれを実行することには大きな隔たりがある。

現代はインターネットを通じて、世界中の人たちとつながることもできるし、いろいろな情報だって手に入る。たった一つの研究成果でもアイデアでも、今成果が出なくても、それを共有してくれる人たちをさがし続ける、ここがダメでもあっちがあると。それを続けているといつかは大きな金脈に当たる。そのとき一気に道は開ける。

行動は誰もが持っている選択肢である。叩いても叩いても石橋を渡らない、行動しないのなら、自分の意思を捨てたのと同じだ。何かを決めたのならば、行動しないと意味はない。

行動すると、ときには良いことがある。それは、褒められることだ。人間は期待されると大きな成果を発揮するという、「ピグマリオン効果」（あるいは、提唱者にちなんでローゼンタール効果）と呼ばれる仮説である。人をむやみに褒めることについては賛否がある。しかし、多くは褒める側からの論理だ。褒められたら、自分は素直に喜べばいい。

ピグマリオン

古代の王であったピグマリオンは現実の女性に失望し、理想の女性の彫刻《ちょうこく》を作った。その像に恋焦がれたピグマリオンは愛の女神に頼んで、ついに像を人間にしてもらった。（ギリシャ神話『ピグマリオン』）

褒められて嬉しくない人はいないだろう。行動しなければ、褒められて成長する機会も捨てることになる。

19 好機を捨てない

早すぎた、遅すぎたと後悔する。逆にグッドタイミングと感じるときは心がはずむ。意思決定で一番むずかしいのは、「機（タイミング）」を逃さないことだろう。

幸運の神様

この世には、幸運の神様がいるらしい。そのヘアスタイルが興味深い。幸運の神様には後ろ髪がない、つまり禿げているのだ。だから、後ろからいくら追いかけてもつかまらない。だけど、前髪は長くフサフサだ。幸運の神様は突然、目の前に現れる。だから、そのときにサッとつかまえる準備をしておく。

好機は何度も訪れない。機を逸するのは、まさに幸運の神様を見逃したのと同じだ。

20 時間を捨てない

負けを選ぶことは、勝ちをあきらめることだ。

ジョー・モンタナ

一九八〇年代に四度のスーパーボウルを制した、サンフランシスコ 49ers のクウォーターバックである。モンタナの特徴は、短いパスを正確につないで確実に得点をあげていくという戦術。クイックデリバリーと呼ばれている。そのモンタナは「モンタナマジック」と呼ばれる華麗な逆転劇を演出したことでも有名だ。第二十三回スーパーボウルでは、残り三分二十秒からの逆転勝利を演じた。

「明日できることを今日やるな」の意思決定もクイックデリバリー。焦る必要は全くない。そして、時間は余すところなく使い切る。

あきらめてしまう人にチャンスは残らない。

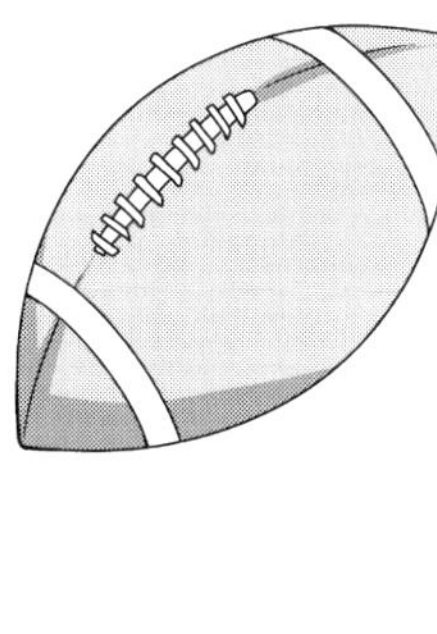

21 初志貫徹を捨てる

志《こころざし》はとても大切だ。志がなければ意思も生まれない。しかし、初志がそれほど大事かといえばかなり微妙である。初志を貫くことは、今はそんなに簡単ではない。なぜなら社会があまりにも複雑化して、外からの影響が大きすぎるからだ。

初志貫徹は主体的な響きがする。しかし、考え方としては固定的である。初志を貫徹できたとしても、たとえば、燃え尽きてしまう可能性だってある。桃栗三年柿八年というが、もしも芽も出ないのなら、初志の何かがおかしいのかもしれない。

成果も出ない初志にこだわらない。頑張りすぎない。疲れたら休めばいい。そして、ゆっくりと違う道をさがしながら、軌道修正を試みる。

22 完璧を捨てる

完璧主義者と言われるならば、それは誇りにしていい。そのような人は、ほとんどいないからだ。

一方、結構いい結果が出ているのに、いつも自分の理想どおりでないと不満そうな人がいる。自己都合の完璧主義を他人に押し付ける人だっている。

世の中は、いつも白か黒ではない。グレーもあるのだ。完璧には際限がない。ものごとは、やろうと思えばどこまでもできる。

意思決定において大事なことの一つは、ここまでがやること、これができれば合格というような基準を明確にしておくことである。完璧ではなく最善を目指す。完璧ではなくても、最低ラインを満たせば合格だ。

23 無限を捨てる

英語に"The sky is the limit."という諺《ことわざ》がある。空は限られている、ではない。逆に、空に限界はない、可能性は無限だという意味で使われる。

空は無限でも、人の能力や可能性は現実には限られている。やってみて、これはやっぱり無理だったとか、自分には合わないとか、いろいろなことがわかってくる。そのときは、それを手放す。自分の能力の範囲から削ぎ落としていくのだ。できないことは捨てて身軽になる。こんな作業も必要だ。そして、残ったものが自分自身の有限である。

「やればできる」と言う人がいるが、それは傲慢《ごうまん》だ。何でもできると自惚《うぬぼ》れない。人にはできないことだってある。

大切なことは、自分の能力を自分自身が一番よく知ることである。

選ぶことは捨てること　まとめ

- 選ぶことは捨てることである。
- ある意思決定をすれば、何かが必然的についてくる。
- 選ばないのも意思決定だ。
- 一つしか選べないのは、選ばされていることだ。
- 自分が選んでいるものの意味を、ときには考える。
- どうしようもないことに、こだわらない。
- 捨ててはいけないもの。感性、勇気、行動、時間、好機。
- 捨てるもの。初志貫徹、完璧、無限。

認識の転換

24 あなたが主人公

生きる原動力は自分の中にある。それは自身の好奇心や興味などの気持ちだ。欲求は自分の心が出すシグナルであり、自分だけの宝物だ。だから、そんなシグナルを感じたときが行動のチャンスである。

人に言われたからとか、勧められたからとかで決めるのではない。家族のため、人のためでもない。自分のために意思決定する。人に迷惑さえかけなければ、人生はすべてあなたのものだ。

まずは、自分自身を一番幸せにする。いつも頑張らなくていいけれど、ズルズルと何もしないのは、宝物を捨て去るようなものだ。

天を敬い、人を愛す。

西郷隆盛

日本人で、西郷《せご》どんを知らない人はほとんどいないだろう。号は南洲《なんしゅう》。上野の西郷さんは質素だ。陸軍大臣としての給料を貧しい人たちに分け与えていたという。

西郷どんが、西南の役に出かける前に逗留《とうりゅう》していた家がある。『翔ぶが如く』（司馬遼太郎）にも出てくる、平瀬ふねというお婆さんが住んでいた家である。そこには、「南洲の精神」と書かれた西郷直筆の大きな書がある。南洲の精神は「敬天愛《けいてんあい》人《じん》」、天を敬い、人を愛すである。

一つだけ聞いてみたかった。人とは誰ですか。自分ではないのですか。

自分を大切に思うことのできない人に、他人を愛することなんかできないと思う。

言い換えるとすれば、「人を敬い、自分を愛す」である。

25 リスクの表と裏

人生には、晴れる日も雨の日もある、苦もあれば楽もある。アップとダウンの繰り返しだ。

一年に一回のアップあるいはダウンがあると仮定してみよう。すると、三年後にはAからDまでの四つの着地点があり、そこへの道のりは全部で八つ（2×2×2）である。

AとDは、最高あるいは最低の結果。Aは一度もダウンがなく、Dには一度のアップもない。そして、そこへたどり着くまでの道のりは一つしかない。Bには

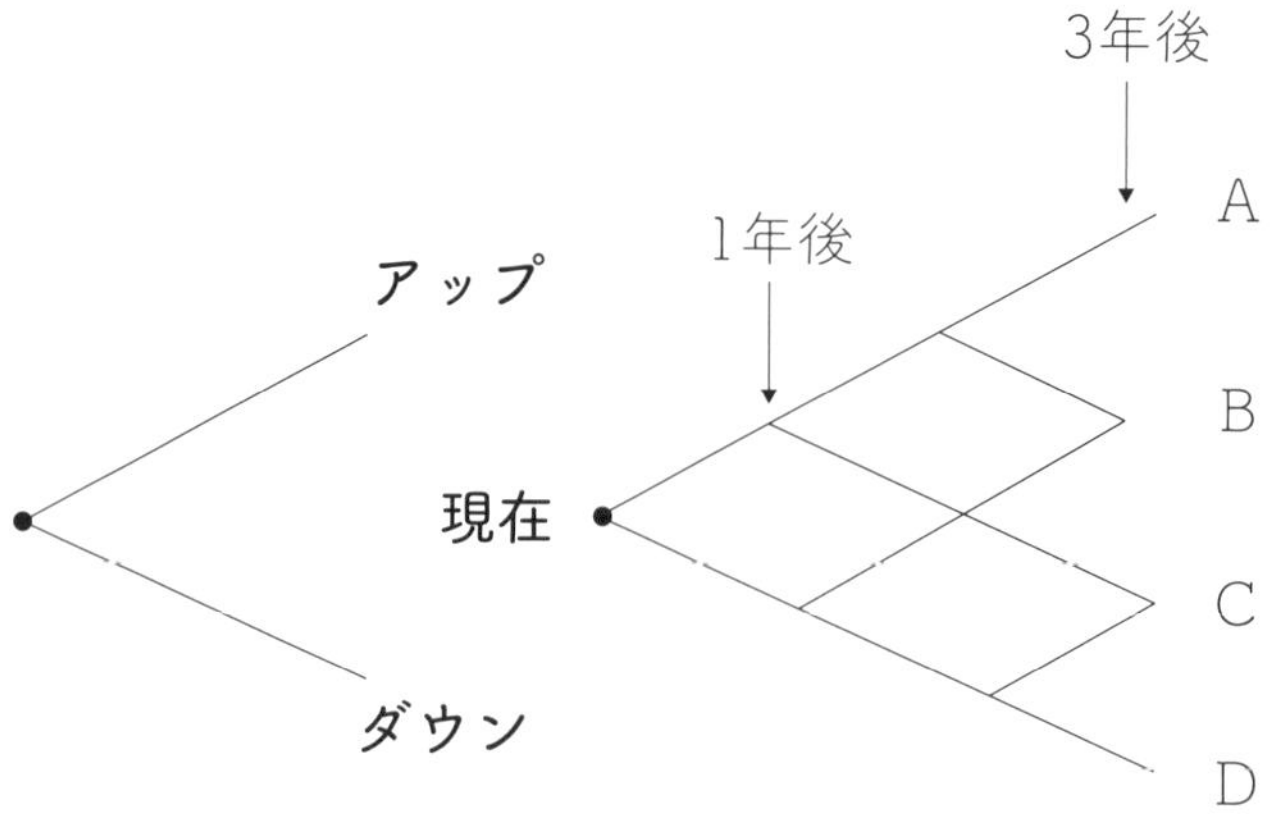

一回だけダウン、Cは一回だけのアップがあり、それぞれへの道のりは三つである。これが十年後になると、十一の着地点があり、経路の総数は千二十四になる。

同じように、最高と最低の結果は一つであり、多くはその中間にある。

時間が長くなりアップとダウンも増えると、理屈の上では、無数の着地点と経路があることになる。つまり、不確実性が大きくなるわけだ。着地点は、言い換えると、将来の自分の可能性であり、私はこの格子を「**人生のラティス**（**格子**）」と呼んでいる。

ここで、人生のラティスの最高の結果Aと最低の結果Dの間に中間線を引いてみる。そして、アップとダ

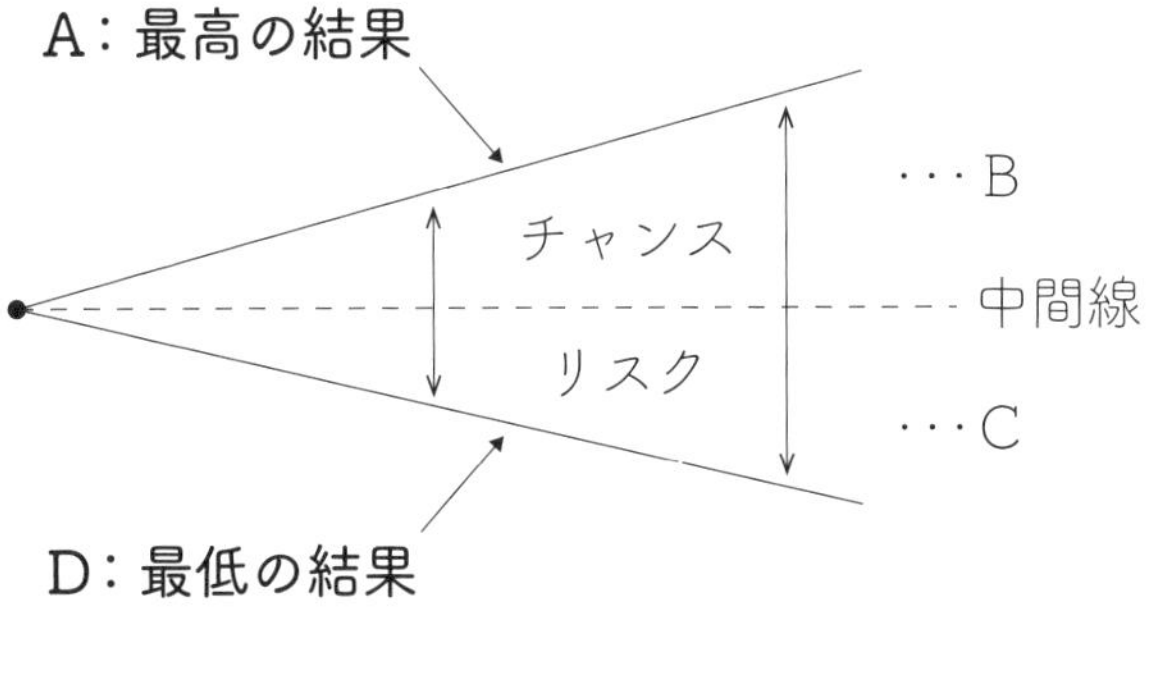

ウンをチャンスとリスクに置き換えて、中間線より上をチャンス、下をリスクと考えてみよう。

チャンスとリスクの振れ幅は、時間が長くなればなるほど大きくなるが、幸運だけが続くわけでもなく、不運だけでもない。そう考えると、最終的には、チャンスとリスクは中間線を境にして半分半分だろう。

不確実性の中には、チャンスもあればリスクもある。これは何を意味しているのか。

チャンスを選んだつもりでも、その裏にはリスクがある。チャンスを選べばその先にはリスクがあるし、逆に、リスクをとらなければチャンスもない。意思決定のむずかしさは、チャンスを最大に活かしたい一方で、リスクを低減するという、相反する目的を達成しなければならないジレンマにある。つまり、チャンスとリスクは「トレードオフ」の関係にあるのだ。

不確実性の振れ幅が大きければ大きいほどチャンスもリスクも大きくなる。これが「ハイリスク・ハイリターン」である。そう考えると、**不確実性は大きいほうがいい。**不確実性が大きく、ラティスの振れ幅が大きくなるほど、大きな潜在的チャンスが潜んでいるということになる。

大きいリスクにチャレンジして、大きなチャンスを望むか否かは、個人の好みの問題だ。それに良し悪しはない。人の中には、「リスク回避的」な人もいれば、「リスク愛好的」な人もいる。

リスクが主観的なものであるとすると、その受け取り方も人それぞれだ。図の中のBがチャンスとリスクの境界であると思う人もいれば、Cの人もいる。だから、他人が「リスクが大きい」と言うことを真に受ける必要もない。他人が言うことに判断を委ねるのなら、それは、自分の人生を他人が投げたコインに賭けるようなものだ。そういう考えは止めたほうがいい。コインは自分で投げるものである。

自分にできないことはリスクではない。できないことはどうしようもない。だから、選ぼうにも選べない。そうすると、もはやリスクはなくなる。

しかし、必ずしもそうではない。リスクは回避するだけでなく、他に転嫁したり、分散したりすることもできる。たとえば、人との協力はお互いが得意なものを持ち寄るリスク分散である。

どうしても方策が見つからないのならば、あきらめるしかないだろう。

「リスクは小さいほうがいい」と言う人たちがいる。しかし、この表現は曖昧である。もしもリスクが小さいほうを好むと単純に言っているのであれば、「ローリスク・ローリターン」を選べばいい。しかし、ハイリターンを求めながらローリスクがいいと言っているのであれば、少し欲張りだ。なぜならば、チャンスの裏には、それに応じたリスクがある。リスクを小さくすれば、リターンも小さくなる可能性だってある。

おおかたの人はリスクが怖い、だから嫌いだ。そしてそれを避けようとする。チャレンジするときにリスクを考えて迷う。選ぼうとしているのはチャンスのはずなのに、リスクに目が向いてしまう。そして最後には、何にもチャレンジしなくなる。しかし、リスクを怖がるだけの人には、チャンスは訪れない。

問題は、大きなチャンスがいつ来るか、それがわからないことである。だから、**将来の機会を待つ**。それがリアルな意思決定である。

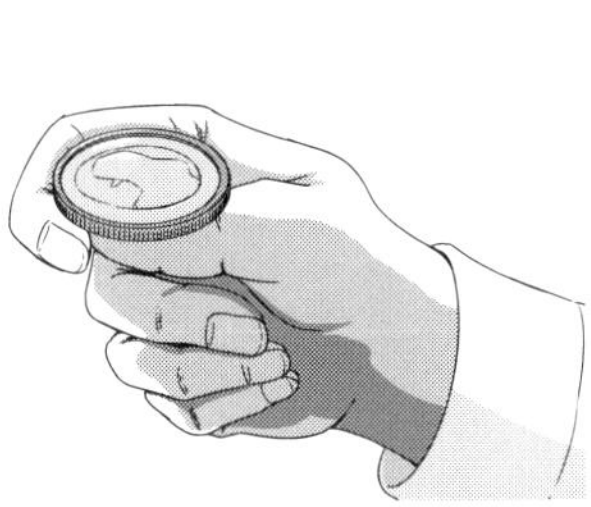

26 その先にある必然

選ぶことは捨てることである。しかし、何かを選ぶと、何かが必ずついてくる。選んだことによって、何かを抱え込むことになる。

たとえば、車の運転には事故、就職には解雇、結婚には離婚の可能性。おおかたの人はこのことを考えていない。目の前の出来事だけを都合良く解釈している。そして都合の悪いことからは目を背けて、自分にはそんなことは起こり得ないと自惚れる。

今しか見ていない人は、目先のことばかりに気をとられ、将来を判断していない。

ものの大小は目の前ではなく、将来の中にある。それに気づいていない。

27 リスクプレミアム

不健康は一つのリスクである。医療費のような、リスクにともなうコストを「**リスクプレミアム**」という。リスクを避けるためにあきらめて支払うコストである。

そうすると、同じ一万円でも、病院に行く回数によってその価値が違ってくる。医療費の増減によって、確実に使えるお金も変動するからだ。不確実を確実なものに変換した値を「**確実性等価**」という。すると、次の関係が成り立つ。

確実性等価＝期待値－リスクプレミアム

AとBの二つの選択肢があるとしよう。Aの期待値とリスクプレミアムは100と30、Bのそれは90と10であるとする。期待値で選べばAのほうが優《まさ》っているが、リスクを考えるとBのほうが良い。

リスキーな選択肢は、期待値ではなくて、リスク調整した値で比べる。

28 クリティカルパス

早道をしようと考える。しかし早道はない。時間を短縮しようと思えば、一番時間のかかる**「クリティカルパス」**をさがして、それを縮める以外にない。クリティカルパスとは、作業手順の組み合わせの中で一番時間のかかる**「最長経路」**をいう。

パスタを作る

「切る→炒める」は20分。「切る→沸かす」は18分かかる。だから、「切る→炒める」がクリティカルパスである。茹でるまでに、お湯を沸かすには2分の余裕（フロート）がある。

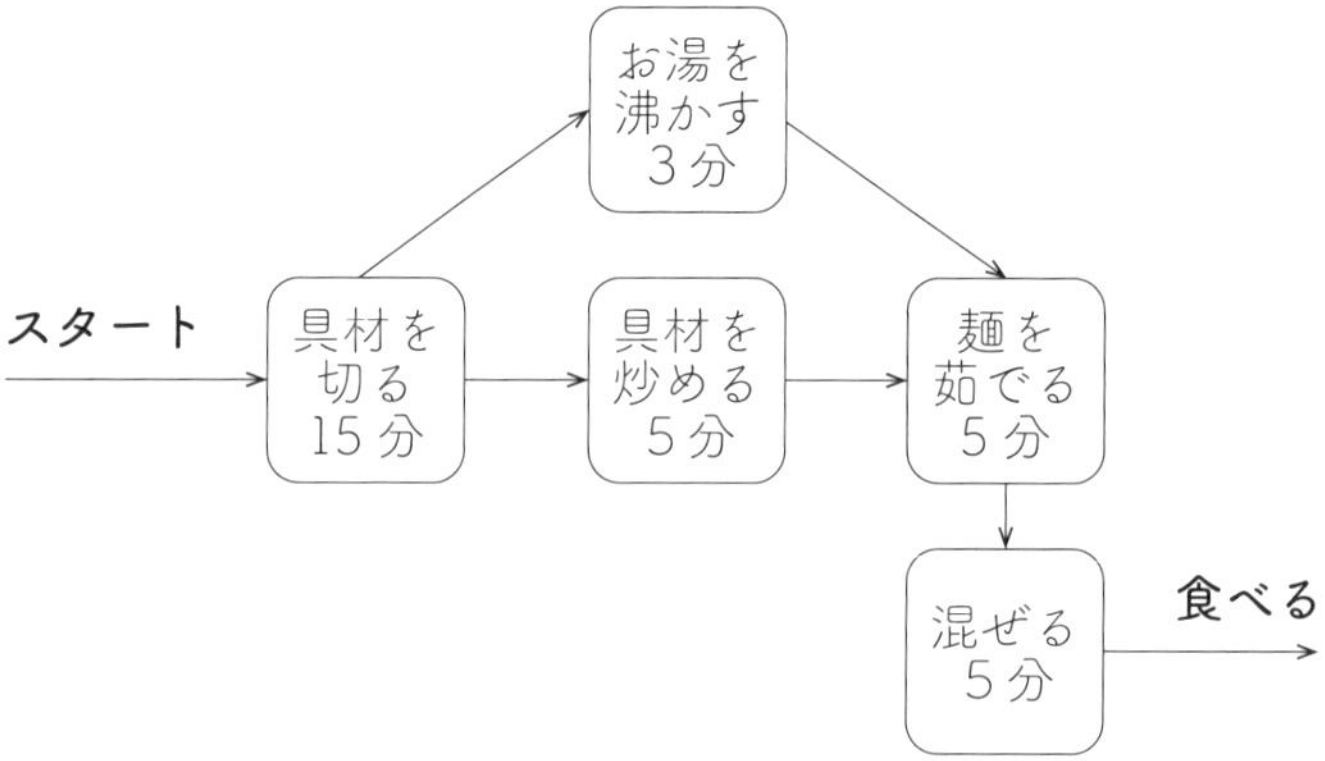

着目するのは最長経路であり、近道ではない。しかし現実には、リスクがあればクリティカルパスも変わる。これが、現実がむずかしくなる原因でもある。

29 価値観ではなく価値

価値と価値観は違う。価値はそこにある意味だ。たとえば、経済的な金銭価値、真か偽かの論理的価値、善か悪かの道徳的価値、あるいは美しいかどうかの美的価値などである。

これに対し、たとえば、一万円を大金と思うかどうかは、個人の価値観である。何かを買うときに「価格」を見て決める。それも、その人の価値観である。リスクが大きいと思うかどうかも同じだ。価値観は個人の好みにすぎず、証明のしようもない。

しかし、一万円は千円よりも大金であると言えば、その真偽を論じることができる。真偽を証明できる言葉や数式を「**命題**」という。

価値の大小を比較して、大きいほうを選ぶ。価値観ではなく、価値を選ぶ。それが意思決定だ。

30 行動の柔軟性

選択肢とは、一般的には、選べる対象をいう。しかし、選べるといっても、自分ができないのであれば選択肢ではない。

自分が選べる選択肢を「オプション」という。オプションとは「権利」の意味だ。不確実性が大きいときに、リスクをうまく処理するようなオプションが多ければ多いほど、リスクはチャンスとなる。極端な話をすれば、自分にしかできないことなら一人勝ちできる。

将来の不確実性に対して「行動の柔軟性」が確保できれば、不確実性は大きいほど好ましい。そのときに、オプション価値のベクトルも増大へ向かう。

不確実な社会における、未来を拓く意思決定の鍵は、行動の柔軟性である。

行動の柔軟性といっても、なかなかわかりづらいだろう。そこで、こんな例を考えてみた。有名なクラシックの曲に「パッヘルベルのカノン」がある。ほとんどの人が聴いたことのあるメロディーだと思う。

カノン進行

パッヘルベル作曲のカノンは、「カノン進行」と呼ばれるとてもシンプルなコード進行になっている。試しに、ゆっくり「ドシラソファミファソ」と口ずさんでみてほしい。カノンの響きがしないだろうか。この「ドシラソファミファソ」が、カノン進行の基本形である。

このカノン進行から、実に多くの曲が作られている。たとえば、「恋するフォーチュンクッキー」（AKB48）、「マリーゴールド」（あいみょん）などなど。

同じコード進行でも、これだけ多くの曲が作れるということは、カノン進行には曲づくりの柔軟性があるということである。柔軟性の分だけ多くの曲が作れる。つまりは、作曲のための潜在的な価値も大きいということである。

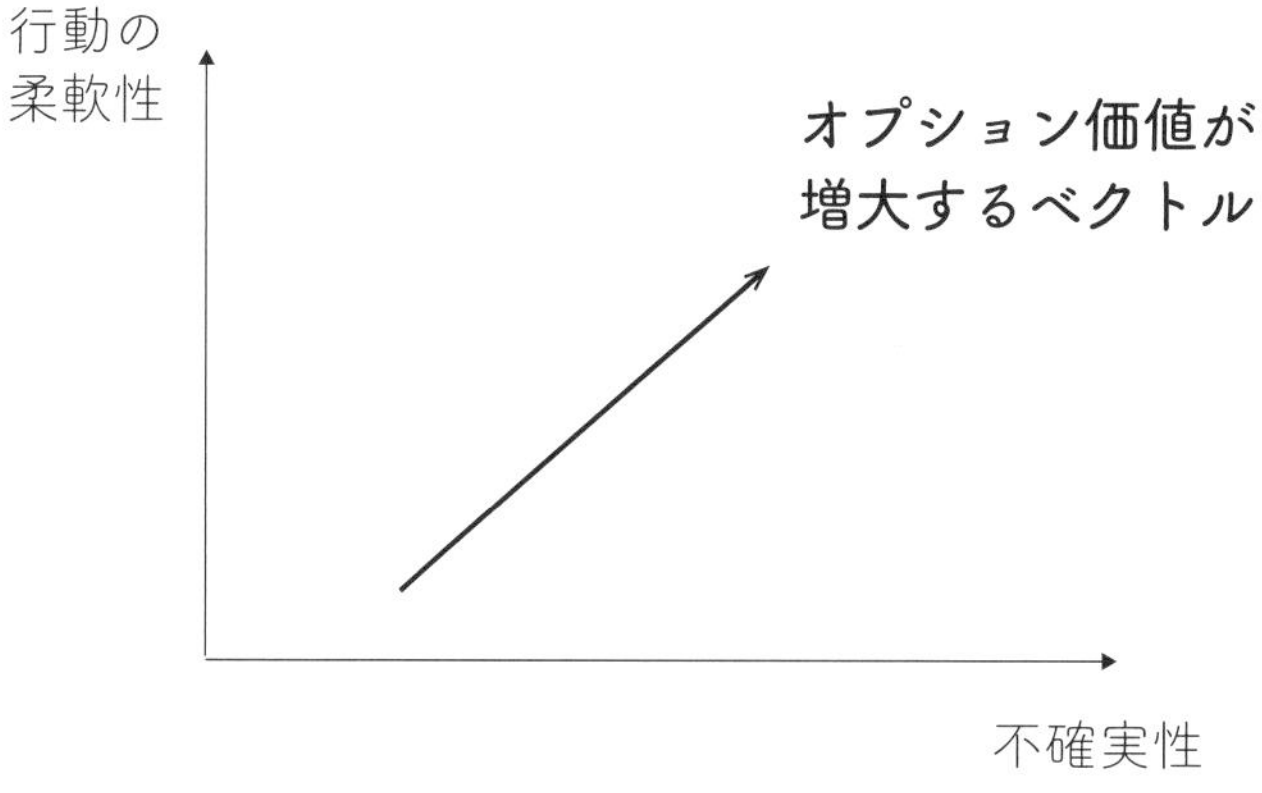

31 真のギャンブラー

ことさらにチャレンジが好きな人たちがいる。ビジネスでも同じだ。とにかくまず走り出す。ところが、なかなか上昇しない。個人の自由だけれど、そうなると信念としか思えない。

不確実性にむやみに戦いを挑んでいる人はただの無謀な人だ。真のギャンブラーは冷静沈着で常に情報に敏感だ。むやみにサイコロを振らず、持てる情報と分析力を最大限に活用している。そして、悔いを残さないように努める。

真のギャンブラーは、意思決定をマネジメントしている。マネジャーとは、成果を高めることに責任のある人をいう。人生も、一つのギャンブルと言えなくもない。そして、ギャンブルに偶然はない。

情報をうまく活用すれば、行動の選択を有利に行うことができる。これは直感的にわかる。では、価値ある情報とはどんなものか。

・そもそも知っている
・当たり前だと思う
・奇抜すぎる
・信用できない
・偏りがある
・情報料が高すぎる
・情報量が多すぎる
・時代にそぐわない　　など

こんな情報には価値がないだろう。価値があるのは「ニーズ」に合った情報だ。情報にかかわらず、自分のニーズにないものには価値がない。

たまには、こんなふうに逆から考えてみるのも有効だ。

32 自分が作るバケモノ

「そんなことをしたら大変なことになる」とか言う人がいる。そもそも大変って何だろう。大変というバケモノを自分で作っている。要は、最初からネガティブ思考であり、失敗を恐れているのだ。

リスクは失敗をもたらすから怖い。なぜリスクが怖いのか。それは無知だからだ。ここで言う無知とは、情報がない、知らない状態を意味する。もしも「千里眼」を持つ人がいたら、その人は未来のあらゆる出来事を予見できるのだから、何も怖いことはないはずだ。

偽陽性

ある感染症があり、陽性検査をする。検査の信頼性は95%だが、本当は病気でないのに、偽陽性だと判断されてしまう可能性も1%だけある。今、人口の0・5%だけが実際に感染しているとする。これを「ベイズの定理」と呼ばれる方法で計算すると、たとえ検査結果が陽性と出たとしても実際に陽性である確率は約30%である。

とはいえ、たとえリスクが小さくても、影響が大きいのならやはり怖い。ここで、リスクの因果関係について少し考えてみよう。

リスクが起きる因果関係は複雑であるが、簡素化して、図のような三つのパターンに分けてみる。

原因がわかっているかどうかにかかわらず、影響が不明であれば脅威に感じる。単にリスクを怖がっていることは、まだ起きてもいない、わからないことを自分勝手に妄想しているにすぎない。

	原因	結果
パターン1	○	○
パターン2	○	×
パターン3	×	×

○：わかっている　×：不明

リスクの本質を考えないために、ありそうもないようなことにまで幻想をふくらませ、あれこれと考えてしまう。すると事実が見えなくなり、判断に迷いが生じる。

怖いバケモノを、自分の心の中でことさらに作り出す必要はない。根拠のない幻想を持って悩めば、自分が苦しいだけだ。

33 ハインリッヒの法則

重大な事故やトラブルに関する、「ハインリッヒの法則」と呼ばれる経験則がある。一件の重大事故の裏には約三十件の軽微《けいび》な事故と、その裏にはさらに三百件のヒヤリとしたことがあるという。

人間は思い違いや誤認によってミスをする生きものなのだ。しかし、ハインリッヒの法則によると、ミスには三百件の前触れがあるという。もしも、同じようなヒヤリを何度も繰り返していると気づいたら、それは重大なトラブルが起きるかもしれない前触れなのだから、気をつける必要がある。

リスクマネジメントには、事前の対策、事中の対処、事後の回復という三つの方法がある。この中でコストが一番少なく効果的なのは事前の対策である。事前の対処により、リスクの見逃しをできる限り避ける。回復には、コストがかかるのだ。

34 馬は食べるもの

ある米国人が驚いた。「米国では馬は乗るものだけど、日本では食べるものだ」。これは常識ではなくて、慣れ、思い込みの問題である。

馬鹿の語源の一説

中国の秦の時代の宰相《さいしょう》（今で言えば首相）の趙高《ちょうこう》が、鹿を馬であると言って皇帝に献上した。皇帝が「これは鹿ではないか」と聞いたとき、趙高の家来は趙高の権勢《けんせい》を恐れて「馬です」と答えた。しかし、中には「鹿です」と答えて、趙高に処刑された者もいる。

（『秦始皇本紀』）

馬であるか鹿であるかは、どっちでもいい。怖いのは思い込みだ。新しい発想が出てこなくなる。これでもよいのではないかというような発想を、常に持ちたい。

35 幽霊ツアー

ふつうは気づかないような価値を見出せる人たちがいる。

価値の見落とし

・ある人が、世界の大富豪を顧客とした旅行業を営んでいる。彼らのお目当ては幽霊に出会うことだ。だから、その男性は幽霊の情報を集め回っている。金持ちは自前のジェットを持っているから、情報を与えるだけのビジネスは極めて良好だ。

・ある中東の石油産出国の王様が日本に来たときの第一声。日本には資源がないと言うが、あるじゃないか。わたしたちはこれが欲しいんだ……雨。

・ある靴会社の営業の人が、ある国に行って大興奮した。ここは、とてつもなく潜在的な市場だ。誰も靴を履いていない。

ふつうの人が見過ごしている価値を、違う視点でとらえられる人たちがいる。価値を単眼ではなくて、多角的に見る視点を養おう。

たとえば「費用対効果」は、費やした効果に対して、どれだけの便益が得られたかを意味する。いわゆる、コストパフォーマンスである。そのときに、金銭的な費用対効果だけでなく、多角的な視点で考えてみる。

花粉症は辛い。花粉症になる体質があるのだという。しかし、私は、米国に行ったときに、ピタリと花粉症が止まった。なぜならば、杉の木が少ないのだ。花粉症は医学的な観点だけからとらえがちだ。しかし、そもそも杉の木が多すぎるのが問題だとも思える。善悪を言っているのではないが、花粉症の根源は、人の体質ではなく、森林行政の問題であるとも考えられるのだ。そうすると、花粉症に対する見方も変わってくるだろう。

価値やコストは、多面体だ。そもそもの前提に思い込みがあれば、その多様性を見失ってしまう。

36 教科書間違っています

本を読むことにもリスクがある。それはその本を最初から信じ込んでしまい、疑うことを忘れてしまうからだ。中一のときの数学の時間。

点の真実

幸士郎　：先生、この教科書おかしいです。線とは、点が動いた跡にできる軌跡。点は、線と線が交わったところと書いてあります。
内村先生：（黒板に大きさの異なるいくつかの点を書きながら）この中のどれが点ですか。
紗奈　　：すべて点です。違うのはその場所です。
内村先生：そう、点とは位置を表すものです。

なにごとも丸呑みにしない。悪意はなくとも、疑いの目を持っておくのは重要だ。

37 蜘蛛《クモ》のメカニズム

今から考えると、驚きである。昔の子どもは学校にもクモを連れて行っていた。

クモ合戦の宿題

クモ合戦とは、メスのヤマケン（コガネグモ）を戦わせる遊びである。小四のとき、休み時間に琳太郎と旬とクモ合戦して遊んでいた。すると、その様子を見ていた理科の四元先生から宿題が出た。「クモの巣作りを観察してまとめてきなさい」

わたしたちは、じっと目を凝らしながら、クモの一挙手一投足を記録した。

そして先生に言われた言葉が「こんな観察おもしろくない。なぜクモがそんな順番で巣を作るのか、できあがった巣がどんな仕組みになっているかを考えて、もう一度やり直せ」。

つまりは、クモの動きを、巣のメカニズム（仕組み）と合わせて考えなさいということだったのだろう。小学生には、むずかしい宿題だった。

社会にはいろいろな仕組みがある。国や地方公共団体などの公共セクター、営利企業などの民間セクター、家庭の中にだってそれぞれの仕組みがあり、わたしたちはこれらすべてが複雑に絡みあう中で生活している。

たとえば、「お役所仕事」という言葉がある。役所の仕事って融通が効かないし効率が悪い。こんな意味だろう。民間のようにカリスマ経営者に仕事を委託したら財政は潤うと単純に考える。

しかし、役所の仕事はすべて予算と法令に基づいて行われている。そもそも、お役所の仕事は福祉であ

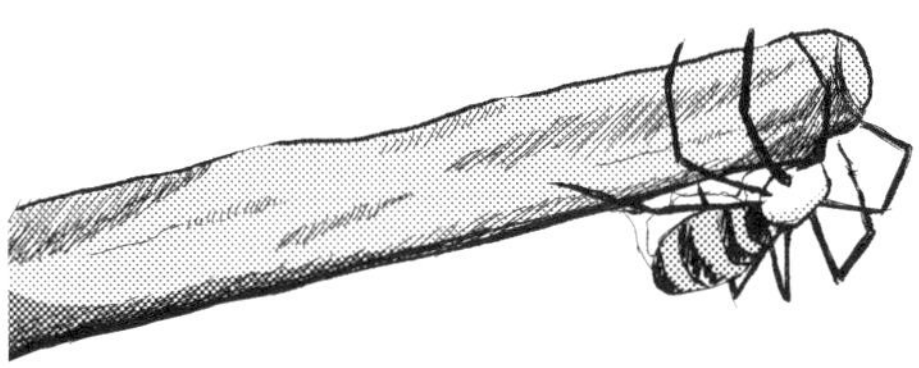

り、営利目的の企業が救えない人々を救うのが自治体の意義でもある。

意思決定では、明らかであることとそうでないこと、何がリスクでそうでないのか、それらの因果関係がどうなっているのか、そしてその中でクリティカルな要素は何なのかのメカニズムを考える。

お役所仕事などと揶揄《やゆ》するだけの人は、何かと履き違えているのではないかと思う。

38 漢字の魔力

意思決定では、ロジック（論理）、メカニズム（仕組み）、そしてアイデア（創造）が重要だ。

「頭を柔らかくしろ」「創造力を養え」「アイデアを出せ」などと言われる。しかし、そんなことを言われてもどうすればいいかわからない。そんなときには、自分で「仮想（＝バーチャル）」な考えをしてみてはどうだろう。たとえば、「想」という漢字をざっと調べてみても、これほどの二字熟語がある。

愛想　仮想　回想　感想　奇想　狂想　空想　幻想　誤想　構想　思想
随想　想起　想察　想像　想定　着想　発想　妙想　夢想　迷想　妄想
予想　落想　理想　連想　瞑想　など

さらに五字、六字の単語になると、

仮想マシン　仮想ＬＡＮ　仮想メモリー　空想科学小説　戦略防衛構想など

仮想はあくまでもバーチャルであり、現実ではない。しかし、普段だと気づかないようなものが見えてきたりする。

色だってそうだ。虹を見て想う。たとえば、環境的な緑を思い浮かべる。何かを創造してみる。

アイデアは、何かに集中するよりも、ぼんやりしたときに思い浮かぶ。生活の中には、時間の余白が必要であり、それに無駄はない。

39 巷の情報

ある新聞記事。不覚にも、著者のお名前を忘れてしまった。趣旨はこうだったと思う。職業倫理を端的に教えてくれる素晴らしいエッセーだ。

学商

ある欧米人の、学者としての良心と国益に対する責任感に感銘を受けた。日本には「学商」が多すぎる。政商のように、自らの学識や借りもののような知識を売りにして、社会に対する志や責任が感じられない学者だ。メディアに登場するような人の中には、責任を持って活動している人たちを批判するだけの人もいる。

「専門家」とか「有識者」という用語は曖昧だ。揶揄しているのではない。職業倫理もそうだが、専門家と称する人たちの情報を、むやみに信じるなと言いたいのだ。真実は神のみが知る。

40 無駄な抵抗

ナポレオンは「余の辞書に不可能という文字はない」と言ったらしい。おそらく、後になって誰かが作り上げたものだと思う。不可能がないと言うのは、言いすぎだ。世の中には、誰にだってどうしようもできないことがある。

もし生きている間に戦争にまきこまれそうになったら、逃げるしかない。逃げられないならあきらめるしかない。

わたしの辞書に不可能という文字はない、と思っているのなら、思い直せ。

しかし、やってもいないのに不可能だと言うのなら、「無駄な抵抗は、よせ」。

認識の転換　まとめ

- 意思決定の主人公はあなた、自分である。
- チャンスとリスクは表裏一体だ。
- 不確実性が大きいと、チャンスとリスクも大きい。
- リスクを選ぶかどうかは、個人の好みの問題である。
- 何かを選べば、必然的についてくるものがある。
- 価値は、リスクプレミアムを割り引いて考える。
- 価値を比較する。価値観は、個人の好みだ。
- 行動が柔軟であればあるほど、価値も増大する。
- ギャンブルに偶然はない。
- 気をつけるべきは、思い込みだ。
- ものごとに疑いの目を持っておくことは重要だ。
- ものごとのメカニズム（仕組み）を見誤らない。
- やる前にできないと言うなら、そんな無駄な抵抗はよせ。

選ばれる人になる

41 桃太郎のきび団子

桃太郎というブランドを形成しているものと言えば、きび団子だ。イヌ、サル、キジはきび団子が欲しくて近寄ってきた。ブランドは人をひきつける。周りのほうから選んでくれる。

優しい、笑顔がすてき、勇気がある、ユーモアがある。あるいは、頑固だ、おしゃべりだ、ノロマだ、怒りっぽい。すべて「自分色《じぶんしょく》」だ。短所だとか長所だとか思う必要もない。

一番やってはいけないことは、自分を人と比べることである。それよりも、持っているものを前提として、活かしたほうがいい。

人にはそれぞれ生まれ持ったものがある。自分が生まれ持ったものは、ある意味でどうしようもない。短気を気長にすることもできなければ、小さい体を大きくすることもむずかしい。変えられるとしても大変な労力が必要だ。

選ばれる人というと、何かを成し遂げた人ではないかと思っているかもしれないが、そうではない。

自分には運がない、何もできないと、最初からあきらめムードの人がいる。社会の常識のようなものに抵抗できず自分の本当の気持ちを表に出せない、好機と思ってもチャレンジが怖い。しかし、一歩前に踏み出すことにより、今までにない世界が見えてきたりする。敷かれたレール上から解放され、こんな生き方もできる、最低でもこうやって生きられるというような、自信も芽生える。

生きているかぎり、何もしないという選択はない。自分色に少しばかりの勇気を合わせて、自分色を磨く。少しばかりの勇気、それは行動だ。行動によって、独自性のある自分を創ろう。

42 歩きまわる

世の中には、いろいろな人がいる。一歩足を進めて海外にでも行けば、生活も考え方も異なる、そして自分がしたことのないような経験を持った人たちに出会える。何が正しいかすら、わからなくなる。

自分の能力の範囲で何かを決めてしまうのではなく、広い世界でちっぽけな自分を認識する。

凡人を装っているような非凡な人に出会えたりすれば、そんな人たちの見識や度量などに畏怖《いふ》する機会もある。

畏怖

畏怖とは、自分の力ではどうにもならないことへの恐れを意味する。しかし、畏怖には尊敬の気持ちが含まれる。人からの恩や親切、勇気ある行動、高度な見識や技量などに対する尊敬だ。中学のときに谷元先生から習ったこの言葉は、ずっと心の中に残っている。

自分だけの能力には限界がある。自分ができる範囲でいいから、とにかく歩きまわる。自分が行動しないことには、向こうからは何もやってこない。

43 スキルを磨く

スペインのバルセロナに世界でもっとも美しいと言われる病院がある。

サン・パウ病院

この病院は、銀行家ジウの遺産により建てられた。設計したのは、かの有名なガウディの師であるリョイス・ドメネク・イ・モンタネール。モンタネール自身も巨匠と呼ばれる偉大な建築家だ。広大な敷地の中に建つ、ステンドグラスや大理石などの華やかな飾りつけのある建物で、世界遺産になっている。

当時の裕福な人たちは、主治医を持っていた。だから、この病院は最初から貧困な人たちのためのものであった。ジウは自分自身が裕福だったのだから、そのことを知らなかったはずはない。それなのに豪華な病院を作ったのはなぜか。

豪華な施設は医者にステータスを与える。優れた医者を集める手段だったのだ。

これは、「**人工物の政治性**」という議論の延長だ。技術には、主目的以外に副次的な要素として人をある行動に仕向けるような政治性があることを示した例である。

ジウは、建築家にモンタネールを選んだ。ガウディやモンタネールは、わたしたちとは違う。ある種の天才である。そして、人並み外れた設計スキルを持っている。しかし、わたしたちでも自分のスキルを磨くことはできる。

たとえば、自分を人と明確に識別するものとしての「資格」がある。保育士、建築士、会計士とかがそうである。大学を卒業すれば学士、修士、博士。これらも一種の資格だ。このようなスキルは、自然と身につくものではない。学習する必要がある。

一方、スキルには資格のように明確でなくても、人が本来持っているような、コミュニケーション能力、リーダーシップ、調整能力、適応力、判断力などがある。

スキルは、人のブランドを形成するものの一つである。スキルを磨いて独自のブランドを創ることができれば、光り輝く一番星だ。

もしも、自分にはできないというのであれば、一つだけ確かなことがある。

やってもいない不可能は、まだ不可能になっていない。

44 「なる」準備をする

世の中は不確実であり、何がどうなるかわからない。何をやっていいかもわからない。夢があっても、そもそも夢なんてそんなに簡単に実現するものでもない。しかし、気に留めておくべきことがある。それは、人の気持ちは変わる、ということだ。何かをしたいと思ったとき、それに手が届かないような位置に、自分を置かないようにする。始めるのに遅すぎることはないと言っても、後になると大変な労力が必要になる。

～になりたいと夢を持つのはとても大切だ。しかし、なりたいだけでは何も実現しない。大きな方向性の中で、なるための準備をして待つ。

ものごとが実現するかしないかは、神様の悪戯《いたずら》だ。思うようにならなかったとしても、それはきっと他の何かに役立つ。

45 「やってみます」

ある留学生の話。一番むずかしかった日本語は、「考えておきます」だったらしい。後になって、それは、「しない」という意味だとわかったそうだ。そうして人を見ると、「やってみます」あるいは「やります」と断言する人には、うまくいくかどうかわからないけど、試しであってもやってみるという意思が感じられる。

子どもという達人

小さい子どもは、とにかく何でも触りたがる。そして大人では考えもしないようなことをやってみる。そしてすぐ壊す。最近の子どもたちは、一歳にならないうちからケータイをさわり、もの心つくころには達人になっている。

やってみることと何もしないことの差は大きい。なぜなら、やってみることにより、経験値が上がるからだ。

次から次にがむしゃらにやる必要はない。大きな失敗を恐れるのではなく、小さな失敗を積むつもりでやってみる。

失敗はコストだ。しかし、経験を積むためのコストである。

46 Ｎｏと言わせない

私が見た優秀な学生たちは、こちらが動かざるを得ないような、Ｎｏと言わせない考えやビジョンを持ってくる人たちだった。そんな人たちを観察していると、いくつかの特徴に気づく。

- とにかく、まず、相手の言うことをよく聞いている。
- 話の焦点とお互いの興味とに敏感である。
- お互いの違いではなく、むしろ、共有できる点に着目する。
- 自分ができることと、助けを求める点が明確である。
- 議論した中から何を得たか、自分に足りないものが何かを確かめる。
- そして、次に来るときには、しっかりと準備してくる。

こんなことは、能力とはほとんど関係ない。いわば交渉のテクニックとも言うべきものである。テクニックは、学んで習得できるのだ。

学ぶことは、聞くことから始まる。そして、固定的な考えにこだわるのではなく、相手の話を聞きながら、自分の考えや行動を軌道修正していく。

47 他力本願でいい

他力本願というと、もっぱら人の力をあてにするようで、響きは良くない。しかし、「シェアリング」は、現代版の他力本願である。すべてを自分ができるなどと自惚れないことだ。ではどうするのか。人をまきこめばいい。人はそれぞれ、みんな違う能力を持っている。できないことは、できる人に任せればいい。

協調と協力は異なる。協調とは、利害が対立するような場合におだやかに問題を解決しようとすることである。協力は、お互いが、自分が持っていて相手が持っていないものを惜しみなく出し合う、いわゆる「ギブ&テイク」である。すると、今まで耳にしたことのない人の声や、ふつうなら届かない人の考え方や生き方に触れることができる。

人には、自我や見栄がある。外見を気にする、弱みを見せたがらない。そんなことをしていると、なかなか行動に移せない。そうこうしているうちに流れに乗りおくれる。それより協力しながら流れを作る。その流れに乗っかったほうが楽だ。

現代は、シェアリング社会である。SNSやクラウドで情報を共有する。複数の人と同じ屋根の下で生活をする。自分だけが所有するのではなく、お互いの資源や経験を共有しながら、共存共栄を図るような考え方だ。

シェアリング社会

一人で担当していたような仕事を、複数人で分担することによって、過重な負担が一人にかからないようにする「ワークシェアリング」。リスクを分担する「リスクシェアリング」。遊休資産を共有して行う「シェアリングビジネス」。

天才と呼ばれる人たちがいる。天才とは、自分一人でものごとがわかってしまうような人だ。天才ではないわたしたちは、自分一人で背負わなくていい。

48 好かれなくていい

そもそもすべての人を好きになるとか、すべての人から好かれるなんて無理だ。（損得）勘定でつき合うのもいいけれど、人間には感情もある。相性の良くない人と仲良くしようと思ってもうまくいかない。

人を嫌いだと思い始めると、相手の欠点だけが目につかないか。自分との違いだけに目がいかないか。嫌いは好きに比べて、エネルギーをはるかに浪費する。

嫌いではなくても、ものには「相性」がある。どういう理由かはわからないが、どうも肌が合わない。人間関係は不思議なもので、こちらがそう思うと相手も同じように感じる。物理の「作用反作用の法則」は人間関係にもあるのだと思う。

人間関係に過度の労力を使う必要はない。「人は人、自分は自分」と思いながら、淡々とやるほうが楽だ。

49 受け止めなくていい

人からの批判を受け止める姿勢は大切だ。批判は非難とは違い、疑いや意地悪から来るものではない。しかし、人にはこんな特性がある。

ダニング・クルーガー効果

能力の低い人は自己評価が甘すぎる。良くない結果が自分の能力がないせいであることが認識できない。他人に対して自身のほうが優れていると考える。だから他者への評価にきびしく自己への評価が過大となる。

自分への評価が甘くて失敗するのなら、それは個人の責任だ。だが世の中には他者に対する評価がきびしい人がいる。そんな人からの評価を、まともに受け止めなくていい。自分の人生地図に書き込む必要もない。まわりの意見や情報などを見誤まると、合理的でないような判断をしてしまう。

結局のところ、決めるのは自分だ。決めたのなら、人に何を言われようと自分の道を行けばいい。自分の人生なのだから。

50 孤独でもいい

孤独というと、「ぼっち」の響きがしてネガティブな感じがする。しかし、孤独は、寂しいだけなのだろうか。

孤独な時間を意図的に作る。そんな孤独には大きな利点がある。それは、どこにも属さずに自由であるという利点だ。集団の中にいて空気を読み合う。忖度《そんたく》する。そんな不文律は、先人たちが残した化石だ。

人に迷惑をかけるようなワガママはいけないが、時間はあなたのものだ。一人だけの時間は自分自身とじっくりと対話する機会でもある。だから、実は一人ではない。

孤独は貴重だ。それを自分で作り出して自分磨きをすれば、今度は嫌でも人が近づいてくる。たとえ「ぼっち」と感じても、それも自分だけの大切なものだ。

51 あとずさりしていい

何かやろうとするとき、おおかたの人たちは成功のことしか見ていない。失敗することを考えないのだ。勝ち負けを言っているのではないが、負けたらどうする。怖いときやつらいときは逃げ出したくなる。仕事や友人関係でも、つらくてどうしようもないと感じたら逃げていい。がんばりすぎは消耗するだけだ。逃げるのはリスクマネジメントの立派な戦略である。

馬のあとずさり

退《しざ》り馬と呼ばれる馬がいる。あとずさり、つまり前を向いたまま少しずつ後ろへ下がる癖のある馬をそう呼ぶ。馬は左右の目でほとんど三百六十度を見ることができるらしい。そんな馬が、驚いたときや怖いときに、あとずさりしながらいつでも逃げられる準備をする。そして、逃げるときには一気に走り去る。

52 座礁しないために

船はあてもなく流されていると、座礁の危険が大きくなるらしい。だから、方向を見失わないように、それまでに航海してきたコースの方位と速度から位置を推測し、それを定期的にプロットするのだという。

船や飛行機が通りすぎた後の波や泡、雲などを航跡というが、わたしたちも、自分が歩んできた航跡を記録しよう。できるだけ詳細にアップデートしておこう。それは、やってきたこと、関わってきた人たちを心に留めておく作業でもある。

恐れたり、混乱したりすると、自分の将来が見えなくなるだけでなく、過去の自分をどこかに落っことしてしまったりする。そんなときは、自分の航跡を見直し、そのとき何を思っていたのか、何をしたかったのかなどを見つけ直す。そうすると、心が落ちつき、自分の進んできた道が再確認できる。

53 漱石先生の個人主義

わたしの人生の師は夏目漱石。勝手に思っている。そして先生の『私の個人主義』は、座右の書である。その中から、一部を抜粋してみよう。

私の個人主義

私はこの世に生れた以上何かしなければならん、といって何をして好いか少しも見当がつかない。（中略）私はこうした不安を抱いて大学を卒業し、同じ不安を連れて松山から熊本へ引越し、また同様の不安を胸の底に畳んでついに外国まで渡ったのであります。（中略）私は下宿の一間の中で考えました。つまらないと思いました。いくら書物を読んでも腹の足《たし》にはならないのだと諦めました。同時に何のために書物を読むのか自分でもその意味が解らなくなって来ました。（中略）

この時私は始めて文学とはどんなものであるか、その概念を根本的に自力で作り上げるよりほかに、私を救う途はないのだと悟ったのです。今までは全く他人本位で、根のない萍《うきぐさ》のように、そこいらをでたらめに漂よっていたから、駄目であったという事にようやく気がついたのです。私のここに他人本位というのは、自分の酒を人に飲んでもらって、後からその品評を聴いて、それを理が非でもそうだとしてしまういわゆる人真似を指すのです。

（夏目漱石『私の個人主義』、青空文庫より抜粋）

聞いてみないとわからないが、漱石先生の個人主義は、いわば「背水の陣」ではなかったかと思う。背水の陣とは、あとに引けない絶体絶命の状況。失敗すれば、もとには戻れない瀬戸際の意思決定である。

瀬戸際は、背水の陣を敷いた人にしかわからないと思う。でも、どんな小さなことでもいいのだ。ときには背水の陣のつもりでやってみる。自分がプレッシャーに弱いのか、追い込まれるほど力を出せるタイプなのかなど、やってみないとわからない。

一番知らないといけないのは、自分自身の限界やポテンシャルである。それは、他人が見つけてくれるのではなく、自分で探し出すものだ。

わたしたちは、漱石先生のようにはなれない。しかし、生きている間に、瀬戸際に立つような経験を一度でもしているとしたら、あなたは相当に強い人間のはずだ。それは、あなた自身が一番よく知っている。

54　プラトーと空《くう》亡《ぼう》

今はＡＩ花盛りだが、もう三十年以上も前、今日のＡＩの基礎となるような講義を受けたことがある。

プラトー

この講義では、自分のＡＩを作るという課題が出された。テーマは自由だったので、私は三角関数を学習させることにした。だがわたしのＡＩはまったく学ばなかった。いつまで経っても、知識（経験値）が増えずに横一線。しかしあるとき、横一線だったグラフがピョコっと上昇し、しばらくするとまたピュコっと上向きになっていった。意外な気がした。学習は階段を

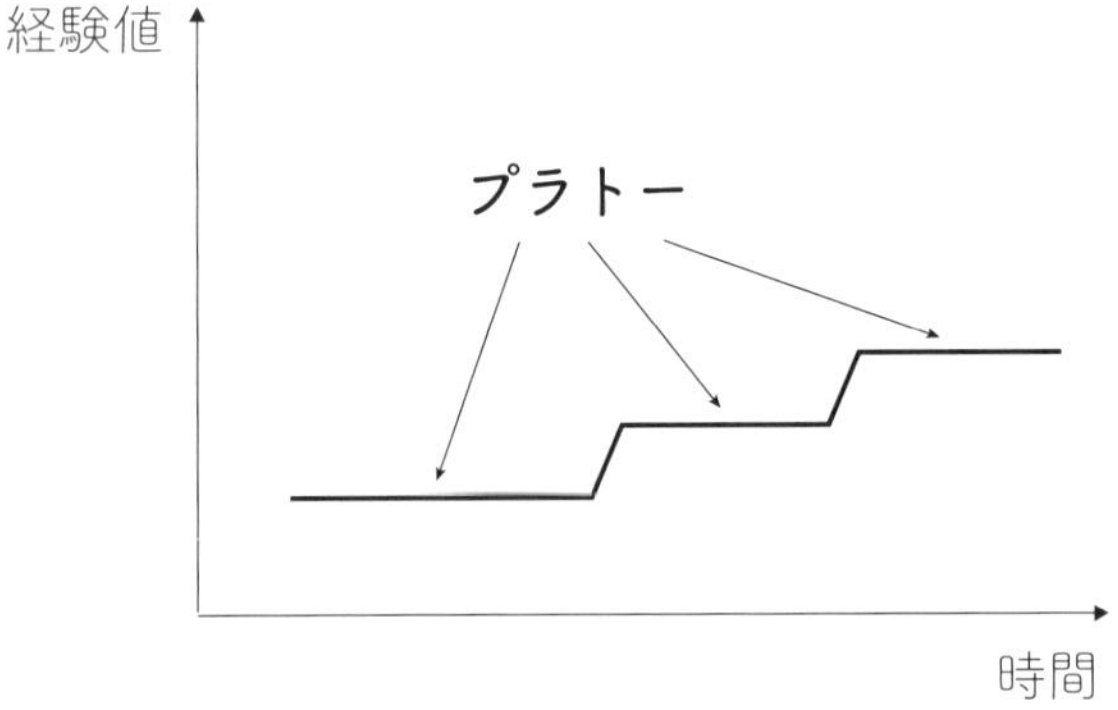

上るように一歩ずつ進むと考えていたからだ。不思議だったのでそのことを先生に話すと、「よく見つけたね。それは『プラトー』というのだよ」と、とても褒めてくださった。

「プラトー」は台地を意味する言葉だ。心理学では、努力していると思っても成長や進化を実感できないようなときをいうらしい。

プラトーを発見したことにより、わたしの考え方は大きく変わった。自分だって同じじゃないか。何をやっても、うまくいかない時期がある。でも、コツコツ続けていると、突然うまくいき始めたりする。

しかし、やはりＡＩは違う。なぜなら、停滞状態があるのは同じだけれど、「スランプ」がない。スラン

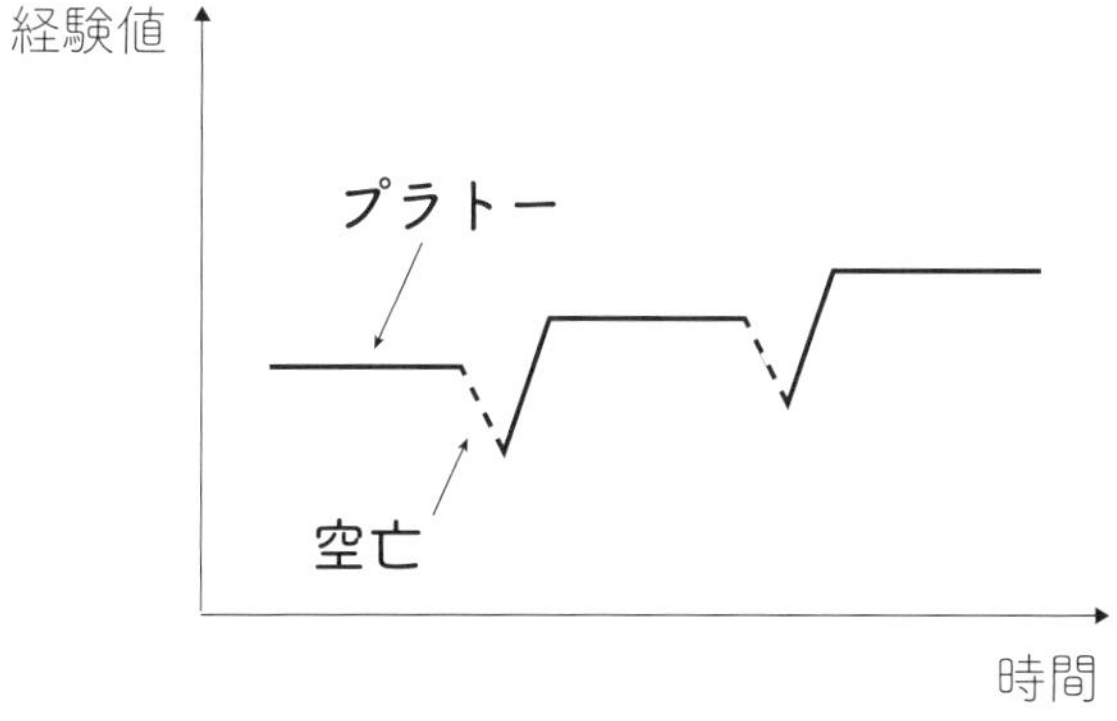

プは、状態が下向きになる意味だ。

そんなときに「天中殺《てんちゅうさつ》」という言葉を思い出した。天中殺とは中国を起源とする「算命学《さんめいがく》」という知の体系にあるもので、天が味方をしてくれない試練のときをいう。

天中殺と似ているものに「空亡」がある。空亡が天中殺と違うのは、単なる試練ではなく、それを乗り越えると運が上向きになる時期だという点だ。

プラトーと空亡を組み合わせると、前ページの図のような人生の断面図ができる。わたし個人のモデルにすぎないが、人生は山あり谷ありではなくて、谷あり山ありだ。そして、自分の過去をふりかえると、なぜかバイオリズムが一致する。

成長は、つらい時期を乗り越えた先にあると思う。めげずにやっていれば、つらい時期の先には上昇が待っている。

選ばれる人になる　まとめ

- 自分を自分色でブランド化する。
- とにかく歩きまわる。
- スキルを磨く。
- 「なる」ためには、準備をする。
- 「やってみます」と意思を示す。
- 相手にＮｏと言わせない。
- すべてを自分一人で背負う必要はない。
- 無理に好かれようとしなくていい。
- 人からの過度のきびしい評価に思い悩むことはない。
- 孤独な時間を自分で作る。
- 無理しないで逃げ出していい。
- 自分の経歴はできるだけこまめに記録しておく。
- ときには、背水の陣で何かをやってみる。
- 自分自身のバイオリズムを見つけよう。

知力アップのトレーニング

55 定義について

定義は、あることを他と区別し、認識を共有するための決めごとである。たとえば、この長さを一メートルとすると決めることにより、これは三メートルであるという共通認識を持つことができる。

人は区別する天才だ。ライオンは、ネコ科の中の一種と定義される。そのような区別が、本質的な属性を表すのならいい。なぜなら、ものごとの本質をとらえる思考訓練にもなるからだ。しかし、危険なことがある。たとえば、ライオンは獰猛《どうもう》だ。そして、「獰猛は悪い」が加わる。すると、ライオンは悪いということになってしまいかねない。

何が定義で、何が仮定で、何が事実なのか。そして大事なことは、そこに偏見や価値観が含まれていないかに注意を払うこと。

56 数字について

定量と定性という言葉がある。定量はものごとを数値や数量で表す要素に、定性は逆にものごとを数値化できない要素に用いられる。数字は共通の概念だから認識がずれることはない。たとえば、「あと少しで終わります」よりも、「あと五分で終わります」のほうが明確だ。しかし世の中には、怪しげな数字がある。

たとえば、平均値。平均国民所得向上というような文言には注意する必要がある。平均値まわりに多くの人がいる場合はよいが、途上国のように一部の大金持ちと多くの貧困者がいるような場合、意味をなさないからだ。

何でも数値化すればいいというものではない。数字だけを見るのではなく、その意味や中身を見ないことには、数字が一人歩きしてしまう可能性もある。

人の所得の分布を例に、考えてみよう。

図の左側は、多くの人の所得が平均のまわりに集まっている場合、右側は多くの所得の低い人と一部の所得が高い人がいるような状況である。

左側の図は、平均値が国民平均所得を表していると考えてもよいが、右側はそうではない。なぜなら、もしも所得の高い人だけの所得がさらに上がったとすると、平均値は右へ移動するからだ。このとき、所得の低い人の収入は何も変わっていないので、平均値が上がったとしても、それは全体ではなくて、一部の人のことを表しているにすぎない。

わたしたちの日常生活では、いろいろな数字が使われているが、その中身に注意する必要がある。

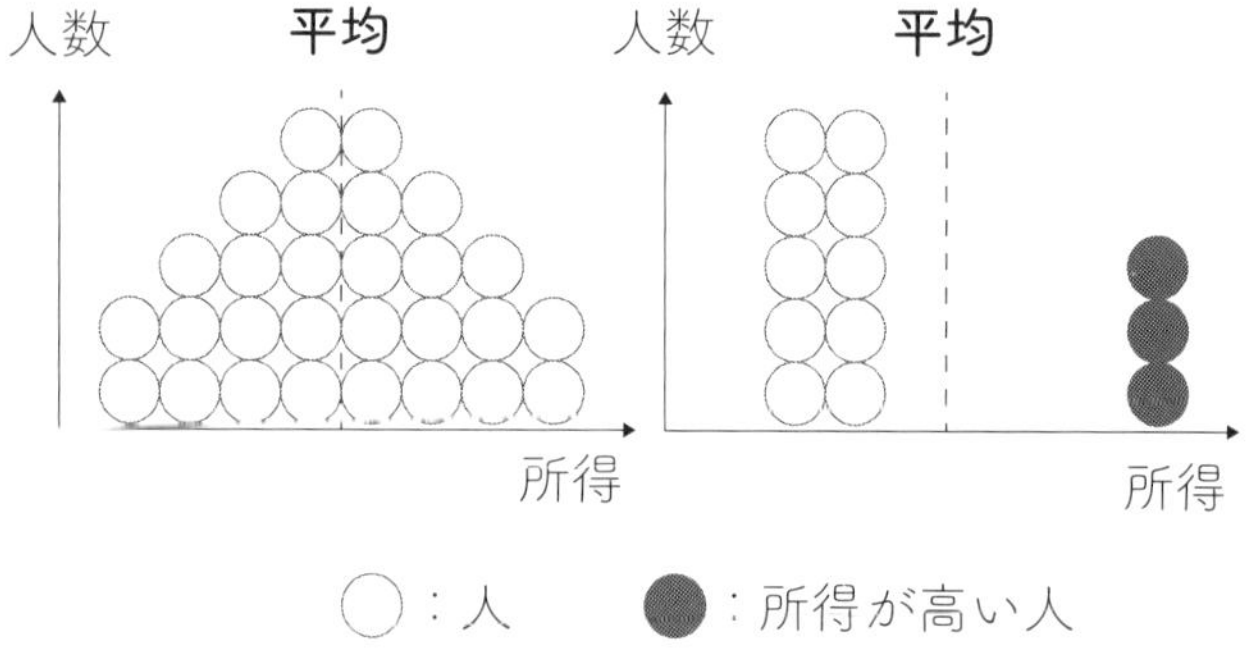

57 関係について

世の中には、雨男（女）だとか晴れ男（女）だとかレッテルを貼られている人たちがいる。なにか行事でもあるようなときに、必ず雨が降ると見なされている。しかし、関係のないものを関連づけることに意味はない。雨男と言われても、そこに因果関係がなければ、単なる偏見にすぎない。

相関関係と因果関係

相関関係とは、一方が上がれば、他方も上がるというような関係のことをいう。因果関係とは、一つの変化の原因が他方にあることがわかっている関係のことをいう。たとえば、Bの原因がAであるとする。そのためには、少なくとも、AはBに先行している必要があるし、Aが変わればBも変わることが明らかである必要がある。

仮に、雨男と雨が関係あるとしても、単なる相関関係なら、それほどの意味はない。大切なのは因果関係である。世の中のことは、一対一の関係でわかるような単純な話はほとんどないが、まずは因果関係が明らかでないことを関連づけないことだ。

一方、世の中の出来事には、何かの理由がある場合だけでなく、どう考えても理由が見つからない場合や、どっちが理由でもいい場合もある。たとえば、暑いから水を飲んでいるのか、水を飲むから暑いのか。**「連関（relevance）」**だけで言えばどっちでもいい。連関とは、二つのことがらのつながりのことをいう。

こんなことを言うのは、意思決定における情報のコストを考えるからだ。暑いから水を飲んでいる人の割合は、水を飲んでいる人の中で暑いと感じている人の割合から逆算できる。もしも、後者の情報を集めるほうがコストがかからないのであれば、そっちを集めたほうが情報のコストは安くなる。

リスクの因果関係を頭の中で考えるのはむずかしい。そんなときは、紙に書き出して視覚化して見る。

図は、丸印でリスク、矢印で二つのリスクの因果関係を表している。矢印の始点が原因で終点が結果である。つまりは、あるリスクがあれば、そのリスクのために他のリスクが生じる。そんなつながり関係を表したのがこの図である。

意思決定に関わるリスクは、一つや二つではないが、そのすべてを考えることは現実的でない。だから、もっともクリティカルなリスクをピックアップする。このとき、直感的には、多くの矢印が集まったり、一つのリスクから多くの矢印が出ていたりすれば、それが着目すべきリスクである。

実はこれは「**影響図**（**Influence Diagram**）」とか「**連関図**（**Relevance Diagram**）」とか言われる意思決定の技法である。

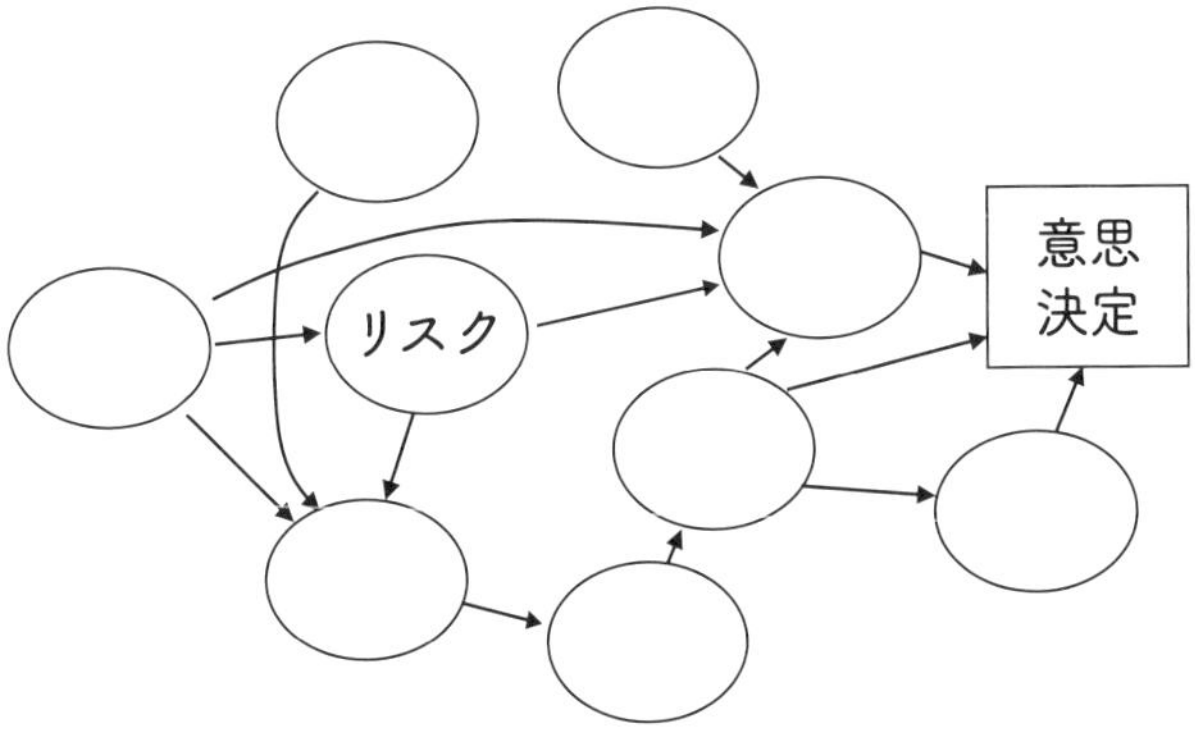

58 根拠について

ものごとが正しいとか間違いであるとか言う前に、一つだけ注意することがある。それは、根拠を明らかにすることだ。

- 日本人の血液型の割合は
- 大学進学率やサラリーマンの割合は
- 交通事故やがんでどれくらいの人が亡くなっているか

事実は長い時間をかけて調べないとわからない。しかし、こんなことは、調べてみればわかることだ。事実を調べる時間を惜しんではいけない。少なくとも、情報のソースがわからないようなことを口にするのは慎んだほうがいい。

59 表現について

天気予報などを聞いていると、ときたま混乱することがある。一つの例として、「明日の予想最高気温は三十五℃、暑い一日になるでしょう」。最高気温は、おそらく確率的な考え方に基づいて導かれた一つの科学的根拠である。しかし、「暑い」かどうかは人の受け取り方次第で決まる。

確率は、真か偽かの集まりである。たとえば、三十五℃となるのが八十％であればそれ以外は二十％だ。一方、暑いは人によって違う。三十五℃を暑いと感じる人もいれば、そうでない人もいる。すると、三十五℃に対し、「暑い一日になるでしょう」と言うことが人にとってどれほど真なのかという問題になる。

ことさらむずかしく考える必要もないが、わたしたちの日常生活は、曖昧な表現に囲まれている。そんなとき、聞き逃さないで、少し耳を傾けてみる。

60 あと一ミリ先を考える

情報を集める。そのときに、あと一ミリ考える癖をつける。たとえば、明日の天気予報によると雨の確率は三十％。しかし、予報が三十％であっても、雨が降る場合もあれば、降らないこともある。

何かを、こうだと一つに決めつけない。ものごとは毎日動いている。人の体重だって身長だって、毎日違う。どんな情報も、条件付きだ。ある情報があるとしても、それがすべてではなくて、その中でこうなる場合もある、ならない場合もあると、さらに情報をブレークダウンして考える癖をつける。

ものごとは一定でなく、その先の揺らぎがある。

若いときに、膨大なコンピュータプログラムを作るプロジェクトに参加したことがある。このときの経験から、プログラム的思考は、頭の整理のためのとてもいいトレーニングになると考えている。

たとえば、ある意思決定において、もし（If）このリスクが生じたら（Then）どうする、そうでなかったら（Else）どうするということを考えながら、**If-Then-Else**をどんどんブレークダウンしていく。そうすると、何かが起きたときに何をするかの意思決定が明確になる。

このようなトレーニングは、頭の体操になるだけでなく、行動の柔軟性を考えるときにもとても有効である。

If（もし）
　　Then（そうならば）
　　　　If（もし）
　　　　　　Then（そうならば）
　　　　　　　　If（もし）
　　　　　　　　　　Then（そうならば）
　　　　　　　　　　　　……
　　　　　　　　　　Else（そうでなかったら）
　　　　　　　　　　　　……

　　Else（そうでなかったら）
　　　　……

知力アップのトレーニング　まとめ

- 定義とは、お互いが共通認識を持つための決めごとである。
- 数字だけを見るのではなくて、その背景を知る。
- ものごとの関係は、相関関係なのか因果関係なのかに注意する。
- 何かを言うときは、まずは事実を調べる時間を惜しまない。
- 表現の曖昧さを極力避ける。聞き逃さないように注意する。
- 情報は、あと一ミリ先を考える。
- こうだと思っても、実際にそうなる場合とならない場合がある。

第II章　欲の最大化より後悔の最小化

欲と後悔の姿

61 王冠を懸けた恋

イギリスのエドワード八世は、愛する女性と結婚するために王位を退位した。その相手がウィンザー公爵夫人（ウォリス・シンプソン）であり、二人のラブストーリーは「王冠を懸けた恋」として有名だ。

ウィンザー公爵夫人の一撃

そのシンプソン婦人はかつて「You can never be too rich or too thin.（金儲けとダイエットはきりがない）」と強烈な一撃を放った。

欲のない人は、ある意味でとても幸せだ。しかし、水をためればあふれるが、人の欲だけは飽和しないようだ。シンプソン夫人が言うように、キリがない。

62 得失の姿

損得と人の満足度の間にはどのような関係があるのだろう。ここに、一つの仮説がある。

プロスペクト理論

この理論には、いくつもの示唆があるが、人の満足度は「損得の増減」によって変わることを始まりとしている。参照点とは、損得の境界であり、損得は参照点からの増減値である。たとえば、百円が百十円になれば得は十円。その逆も同じである。

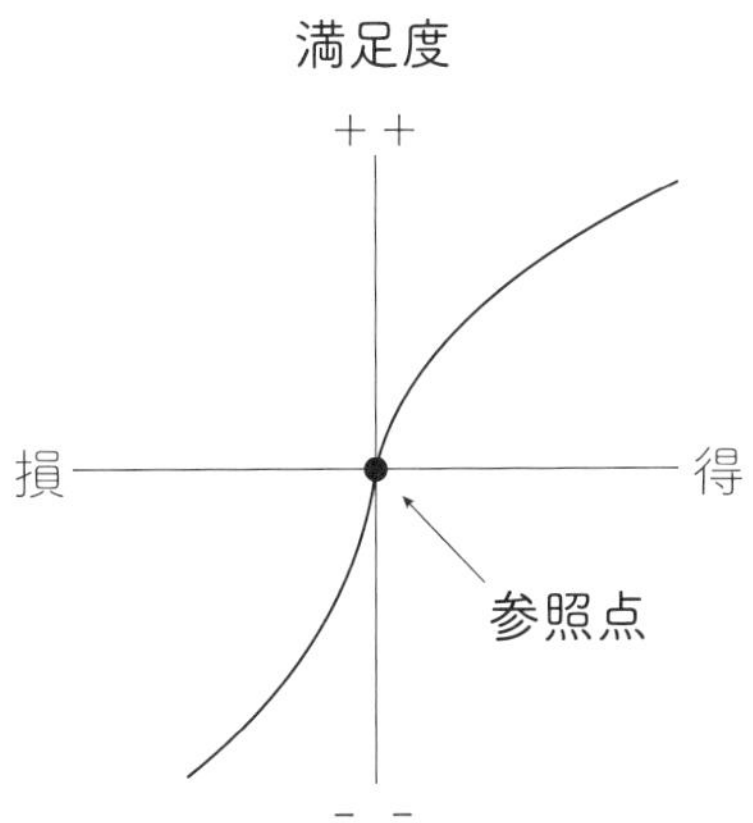

D. カーネマン&A. トベルスキー : PROSPECT THEORY: AN ANALYSIS OF DECISION UNDER RISK

この図の特徴として、右上の曲線は緩やかに上昇しているのに対し、左下の曲線では少しの損であっても勾配が急である。つまり、同じ得失であっても、人は失うことに敏感である。

63 万有引力

前図は、直感的におもしろい。右上の満足は得をすることによる気持ちなので欲、左下は失敗により損をしたときの気持ちなので後悔、と置き換えてみよう。

すると、欲は上方へ伸びるのを抑えられ、損をしたときの後悔は、一気に下へ引き落とされている。ボールを高く上げると速度が落ちるが、下に落とすと速度は大きくなる。これは、重力のせいだ。「万有引力」の名のとおり、人の気持ちにも重力が働いているのかなどと思ってしまう。

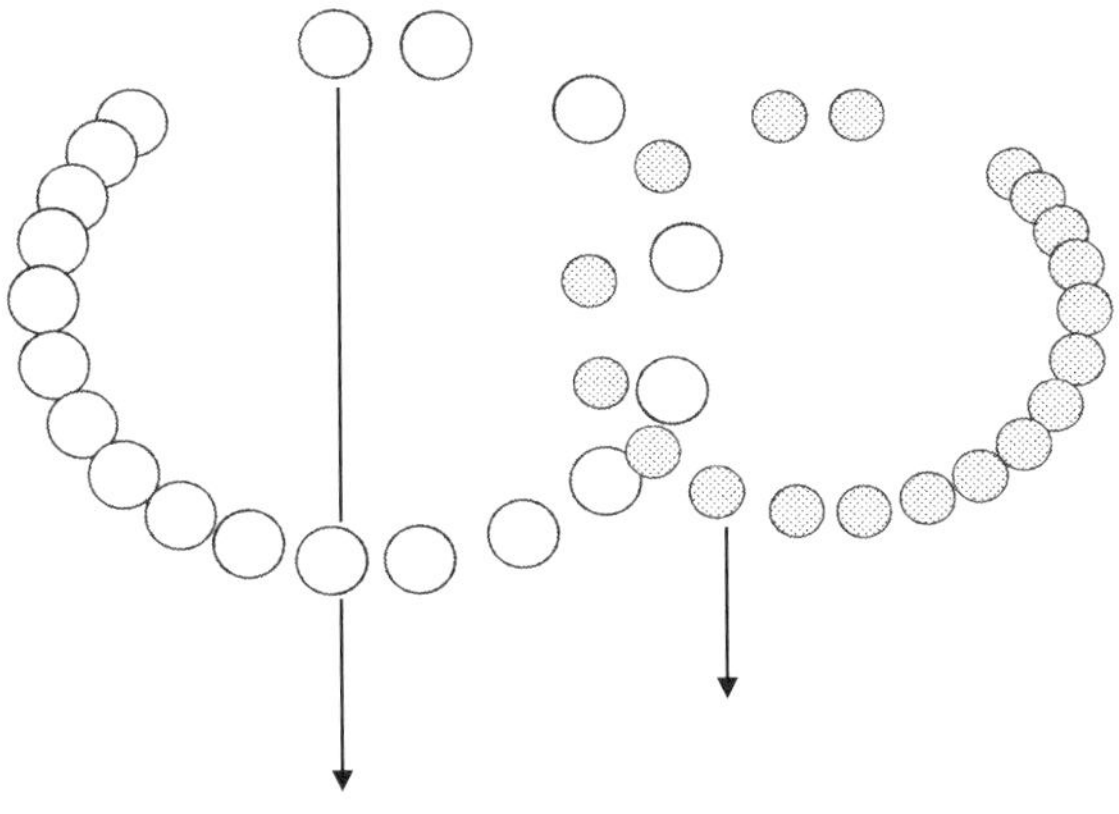

チャンスの裏にリスクがあるように、欲と後悔も表裏一体である。欲は人の行動の原動力になる。だいたい、人が動くのは欲があるか怖いときだ。しかし、欲にはキリがない。

そもそも得をしているのであれば、不満はない。しかし、後悔はどこまでも自然落下する可能性がある。自然界の万有引力には逆らえない。同じように、後悔が始まると気持ちは一気に落ち込む。

得をゼロにすることは現実的ではないが、後悔はなくしたほうがいい。

こう考えると、欲を最大化するよりも、後悔を最小化しようと考えたほうがいいのではないだろうか。

64 期待という魔力

安いものを買って失敗したと悔やむ。でも、そもそも安いものを買ったわりには、期待が大きすぎたのではないか。たとえば、一万円を期待した二万円と、三万円を期待した二万円とは、同じ二万円でも満足度が違ってくる。欲で期待が大きくなると、そうでなかったときに比べて満足度は相対的に小さくなる。これは、人の心理だ。期待が八十%で結果が七十%より、三十%の期待で始めて、結果が七十%のほうが嬉しい。積み重ねていくと、期待以上の結果が出るかもしれない。

大きな期待という魔力に引っ張られると、失敗したときの落胆も大きい。意思決定では、大きな期待を持ちすぎないこと。それが、まずは、後悔を少なくするコツみたいなものだと思う。

65 根性という無力

さすがに最近では、「根性」という言葉を聞かなくなった。それでも、根性論が死んだわけではない。根性には根性がある。

失敗した原因を、自分には根性がなかったからだと思う人がいる。ミスの犯人さがしをして、根性のない自分が犯人だと思うわけだ。

そもそも、根性の意味を忍耐力だと思っていないだろうか。根性をあえて言うとすれば、忍耐力ではなくて継続力だ。継続は力なり。たとえ優柔不断などと言われてもスルーする。歩く速度は、人ぞれぞれだ。良くないのはズルズルと何もしないことである。

66 転び続ける労力

「七転八起（しちてんはっき、ななころびやおき）」という言葉がある。失敗にもめげず挑戦を繰り返すことだ。似たような言葉に「七転八倒《しちてんばっとう》」があるが、その意味は全く違う。これは、苦しんで転げ回ることを意味する。

しかし、起き上がっても倒れても、転ぶことに違いはない。人間はミスをする動物であり、転ぶこともある。しかし、七回も転ぶのはどうかと思う。転ぶと痛いが、慣れてしまうと痛さも感じなくなってしまう。立ったままでも、重力に逆らってジャンプするのは大変だ。転ぶにしろジャンプするにしろ、成長がないのであれば、エネルギーを消費するだけである。

だいたい、運不運の数に大差はない。不運を感じたら、それを早く消費できたぐらいに思えばいい。しかし、転び続けているのなら、運を無駄づかいしている感じがしないでもない。

何かがおかしい。転倒をくり返しているのなら、少し考えるべきではないか。

欲と後悔の姿　まとめ

- 人の欲にはキリがない。
- 人は得よりも、損をすることに敏感である。
- 欲と後悔も表裏一体である。
- 大きな期待を持ちすぎない。
- 根性は忍耐力ではない。継続力である。
- 何回も転ぶのなら、考え直す必要がある。

選んでしまった後悔

67 選ばなかった必然

選ぶことは捨てること。捨てたのならば、その先には何もない。そこは空っぽの世界だ。捨てたのなら、潔く捨ててしまうことだ。

68 選んだ後の選択肢

ある意思決定をした後にできることは、止めるか続けるかの二択である。

止める場合でも、すべてを止めてしまうのではなく、他に切り替える、やり直す、あるいは一時的に止めるなどの選択肢がある。同じように、続けるにも、さらにやってみる、少し控えるなどの選択肢がある。これらは、すべてリアルなオプションだ。

後悔しているからといって、今を選ぶ必要はない。もし、その先にオプションがあるのなら、後悔を和らげるような、第三の道がひらけてくる可能性だってある。

69 永遠のπ《パイ》

「π」は、円周率を表すのに使われるギリシャ文字である。その値は、π =3.14… とどこまでも続くようだ。永遠のπである。しかし、「永遠のβ」（41ページ）とは違いがある。βのほうは成長が期待できるのに対し、πは堂々巡りである。

何かをやるときに、円の上を回り続けてしまうことがある。たとえば、資格試験をとろうとする、ダイエットを始める、あるいは禁煙や禁酒を始める。しかし、長続きしないで放り出してしまう。そして、それを繰り返してしまう。

先延ばしするのにも、いくつかの理由があるだろう。そんな中に、人の特性としての「現在志向バイアス」が指摘されている。

現在志向バイアス

将来の大きな価値と目先の価値を選ぶとき、後者を選んでしまう人の心理特性。つまりは、目の前の価値を過大評価してしまう、人の認知バイアスである。

資格をとればいいことがあるとわかっていても、遊びを優先させる。そして、なにかと自分自身に言い訳する。痩せたいと思っても、目先のお菓子に手が伸びる。人は、ときとして非合理的である。先延ばしする人は、今の楽しみを優先してしまう。「アリとキリギリス」だ。

永遠のπは人の特性である。しかし、止められない自分に、何がしかのネガティブな気持ちが芽生えているのなら、それを断ち切る手段をもっと考えるべきではないか。

70 重力と後悔

原油を運ぶ大型タンカーはすぐに止まれない。大きな船ともなれば、止まるまでに数キロも数十分もかかるらしい。車の運転でも、一番むずかしいのは止まることだ。しかし、タンカーも車もいずれ止まる。むずかしいのは、人の心だ。こんな会社に入るんじゃなかった、こんな人と結婚するんじゃなかった……。後悔が始まると、気持ちは重力に引っ張られて坂道を転げ落ちる雪だるまになってしまう。

始めるのは簡単だが、止めることはむずかしい。こんなときは、止めるのではなくて方向転換する。方向転換はリアルなオプションだ。たとえば、どうしても職場環境に耐えられないのなら、日本国憲法第二十二条第一項を行使する準備をしたほうがいい。そう、「職業選択の自由」だ。見切りと方向転換は、早いほうがいい。

71 赤信号

朝トポトポ散歩をしていると駅まで走っていく人を見かける。しばらく歩いていると、その人に追いつくことがある。赤信号で足止めされているのだ。一見すると、息を切らしていて苦しそうだ。

赤信号は人生のリスクだ。実に気まぐれで、行く手に立ちはだかる。仕事でも、クリティカルパスを走っているつもりが、実は他のところで汗をかいていたりする。そして疲れる。疲れると余裕がなくなり、ミスも多くなる。

疲れは赤信号である。赤信号はリスクだが、立ち止まるオプションでもある。階段にも「踊り場＝平らなところ」がある。生活にも、息抜きが必要だ。何でもいいから、踊り場や遊び場を作っておく。それは気持ちをリセットする場所だ。走り続けるのもいいけれど、リセットはもっと大切である。

72 落とし穴

「明日できることを今日やるな」は、大きな枠組みと方向性を決めて、状況に応じながら柔軟な意思決定を行う考え方である。しかし、そんな中にも、ときたま落とし穴がある。「誘惑」という落とし穴だ。

ヘッドハント

もう何十年も前、ある人が破格の給料でヘッドハントを受けたらしい。見知らぬそのリクルーターは他にはない何かをその人に見つけたらしいのだが。

このヘッドハンターに何の問題もない。ヘッドハントが、自分の進む方向の中であれば、素晴らしい。しかし、そうでないと感じるのであれば、それは止めたほうがいいのではないかと思う。

心を惑わすのは、結局は自分の心を惑わす自分の心だと思うのだが、そうは言っても惑うのが人というものだ。お金は人の心を惑わす悪魔でもある。

書物を読んでいると、こんなことが書いてあったりする。「謀《はかりごと》」も、落とし穴の一つだと思うのだ。

機略

（人を動かすとは）機略を使ったりご機嫌をとったりして、他の人を自分の望むような状態にすること。

機略は謀である。しかし、この考え方にも、たしかに一理ある。なぜならば、「略」は相手が気づかないときが一番効果的だからだ。ところが、この程度の機略ならば、すぐに見破られる。ある政治家の言葉を借りれば、「人は賢にして愚、愚にして賢」だ。

人の善悪の話をしているのではない。どんなときでも、こんな人とはつき合わないなどと、すぐに決める必要はない。時間をかけて、たとえば、その人の言うこととやることを観察してみる。

おそらく、つき合ってはいけない人がいるのだと思う。そういう人の特徴が何であるかは、お釈迦様にでも聞いてみないとわからないけれど。

73 消えたダイヤ

海の中へ潜ると、さまざまな魚や景色に出合う。ここで一つやってはいけないことがある。魚をつかまえたり、自然を壊したりすることだ。たとえば、珊瑚礁の中には一センチの成長に数十年を要するものもあるらしい。

ものには、一生もとに戻らないものがある。ある決定をしたときに、もとに戻れないような状況を「不可逆的」という。

わたしたちの人生の中にも、絶対に不可逆的なものが一つある。海の中に消えたダイヤは戻ってこない。そんな意思決定をしてはならない。

74 放置する

昔、ピラミッドはお墓、万里の長城は防御壁だった。今は観光施設として復活している。ピラミッドや万里の長城は、壊されないで放置されてきた。

人が年老いてきて何ができるかと言えば、それは若い人たちに向かって、可能性というメッセージを身をもって伝えることだと思う。わたしの知り合いは「仕事も遊びも方向性だ」「止めるのは簡単だ」「朝の来ない夜はない」などと言って、淡々とあるスポーツの練習に励んでいる。続けることを選んでいるのではなくて、止めることを放置している。自己管理術に優れていると感じる。

止めるのではない。放置することも、続けることと同じである。たとえ成果が出なくても、止めることを放置すれば気も楽になる。そのうちに朝が来るさ。

75 開き直る

リスクは怖い。だから、何かをやるときに心も体も萎縮してしまう。怖がりながらやって失敗する。そして、やるんじゃなかったと後悔する。

ゴルフは緑の芝生に囲まれた自然を相手に遊ぶスポーツだ。しかし、ゴルフ場には罠がある。ボールを池に打ち込むと、アマチュアもプロも後悔する。しかし、意味はだいぶ違う。プロはスコアを悔やむ。アマは打ち込んだボールを悔やむ。プロのミスは、ボールの値段の比ではない。賞金に直結し、そのコストは埋没する。アマの場合、たとえ池に入れても、それがナイスショットだったりすると喜びがある。

失敗にも大小がある。取り返しのつかないような失敗ならまだしも、そうでないなら、過度に気にする必要はない。開き直りをはき違えてはいけないが、ときには開き直ってチャレンジすればいいのだ。

76 作り直す

捨てたものへの未練は、大後悔のもとになる。しかし、作り直せるのなら、壊れても作り直せばいい。小さい子どもがご飯やミルクをこぼす。叱らないで、もう一杯注いであげればいい。何回でもいいではないか。そのうちこぼさなくなる。

覆水盆に返らず

昔、呂尚《りょしょう》と馬氏《ばし》という夫婦がいた。呂尚は、本ばかり読んで働かなかったので、馬氏は別れてしまった、しかしその後、呂尚が出世すると、馬氏が復縁を申し出てきた。そのとき、水を地面にこぼして盆に戻させたが、泥ばかりであった。壊れた夫婦関係は戻せない、というのが語源である。（『拾遺記《しゅういき》』）

壊れたら、取り戻すのではなく作り直す。これがリアルなオプションだ。

選んでしまった後悔　まとめ

- 選ばなかった先には何もない。捨ててしまったのなら、潔く捨て去ることだ。
- 選んだ後の選択肢は、止めるか続けるかの二択である。
- 人には、現在志向の特性がある。
- 止めると考えるのではなく、方向転換と考える。
- 気持ちをリセットするような遊び場を作る。
- 誘惑という落とし穴に気をつける。
- 一度失うと、もとに戻らないものがある。そんな意思決定をしてはならない。
- 止めるのではなく、止めるのを放置する。
- ときには、開き直る。
- 壊れても作り直せばいい。

turn.

it's

your

東大集中講義

意思決定とリアルオプションの基礎理論

第Ⅲ章　リアルオプションの理論と実践

不確実な社会

77

日本社会の過去と未来

日本は終戦後（1945年）、いくつかのうねりを経験しながら発展してきた。それは、約10年おきに起きた、高度経済成長、中産階級化、国際化、バブル、不況である。そして、2010年くらいを境に少子高齢社会に突入している。

戦後から1960年代くらいまでの時代は、経済も上向きな安定した社会であった。しかし、1970年代の国際化を機に、日本社会はグローバルな世界と接するようになる。近年は技術の進歩や情報の不確実さが相まって、将来の社会はますますわからなくなっている。急速に変化する情報革新技術により、人々は現在とは全く違う自己と社会の関係の中に置かれてしまう可能性がある。

1955	60	70	80	90	2010-
高度経済成長	中産階級化	国際化	バブル	不況	少子化高齢化

・終戦（1945）・東京オリンピック（1964&2021）

・大阪万博（1970）・PKO派遣（1992）

・水俣病（1956）　・オイルショック（1973）

・新幹線（1964）・プラザ合意（1985）

・八幡製鉄所（1897）

・銀座線（1953）・霞が関ビル（1968）

78

情報社会のシナリオ

将来の不確実な社会シナリオを情報という観点から考えてみよう。

情報セキュリティーに対する人々の価値観と、そのまわりで進歩する情報技術の相互作用により形作られる未来社会の変容をシナリオとして描き出す。このシナリオ分析では、縦軸にユーザーとしての人が持つ情報セキュリティーへの関心をとり、横軸にアクターとしての企業と政府の行動をとる。すると、次のページの図のような4つのシナリオが描き出される。

「リアルオプション」の概念を広くとらえるとすれば、ここで示したようなシナリオは、環境やエネルギー、あるいは人権や社会の安全・安心の問題を引き起こすような「不確実性」の所在を明らかにする。それによって、社会の変容に対する示唆を得る手助けとなる。

技術歓楽社会：人々は自己の欲求を満足させることに熱心であり、技術商品の単なる消費者になっている。情報はタダ同然であり、欲求はバーチャルな感覚によって満たされ、オタクやメタバースに専従するような人たちが増殖する。

管理強制社会：開発商品の過剰な利便さに嫌気がさしてくる。社会の無秩序・希薄化に疲れ、支払う税金が増えても政府によって管理されるほうが安心と感じるようになる。過剰な科学技術からのドロップアウト組が増える。

技術完備社会：国家主導による技術導入が進んだ場合でも、人々のリテラシーが向上すれば、人と企業、政府の調和の下でセキュリティーなどすべてが満たされる。イメージとしては、ゲートシティーのような生活スタイル。

民主自律社会：人々のリテラシーが向上し、多様な価値観を持つ人たちが、オープンなネットワークで結合された自律型社会。一般の人々が、先端技術についての専門的な知識を持つまでに情報リテラシーが向上する。

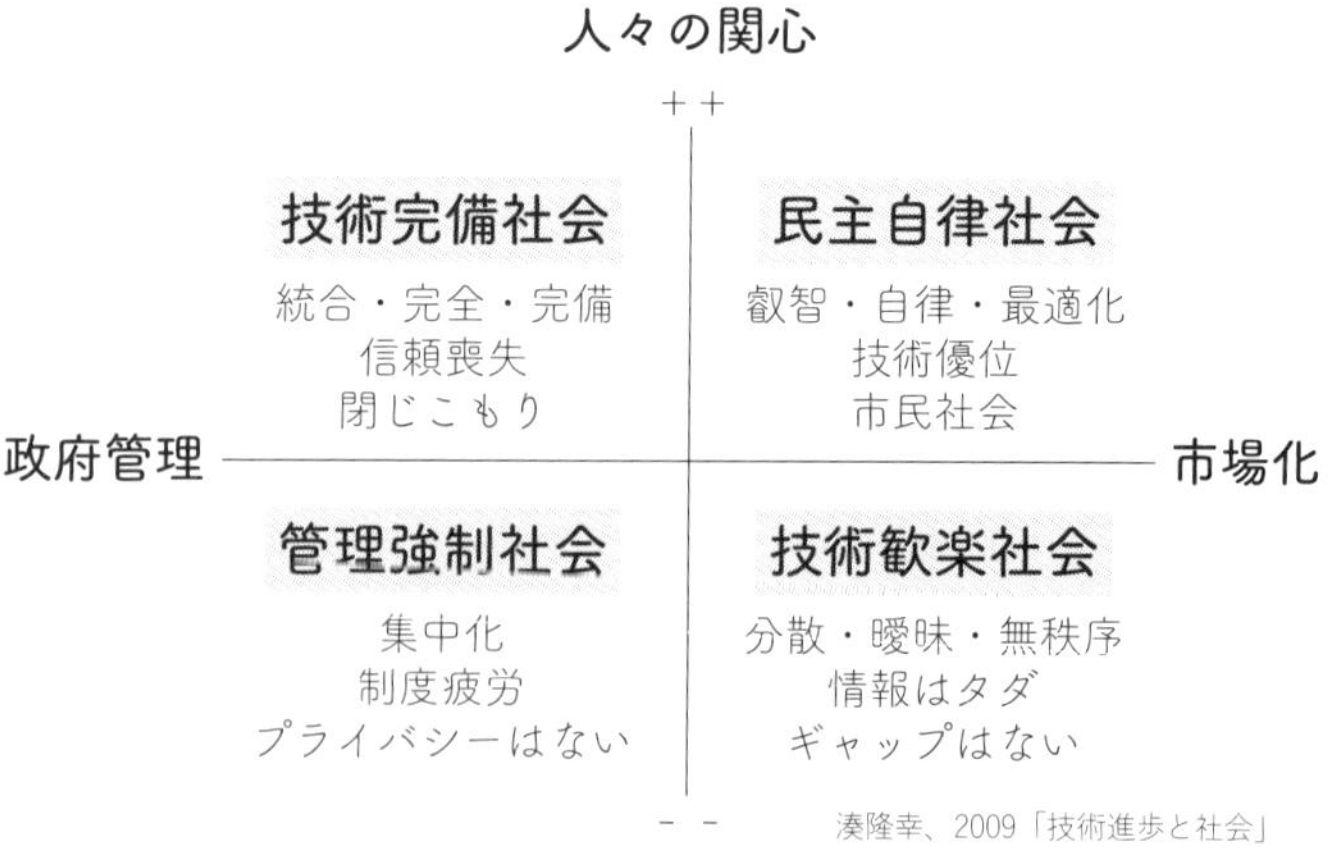

湊隆幸、2009「技術進歩と社会」

79 5つの現代社会

（1）プライバシーのない社会

現代社会は昔に比べて露出的になっている。ＳＮＳなどは自らの情報をばらまくアイテムとも言われる。

インターネットのプロバイダは利用者がどんなサイトを閲覧しているかを知ることができるし、デジタル放送の事業者は人がどんな番組を見たかというデータを記録することができる。クレジット会社は個人の購買記録を持っているし、交通会社は自動料金システムにより誰がどこへ行ったかを知ることができる。

同様に、政府も電子旅券により海外への人の出入りを把握できる。さらに、医療情報のような個人秘匿データも電子化される状況になっている。国によっては、ＩＤカードの所持が義務付けられている例もある。

このような記録は、電子化により永久保存がきくだけでなく、人々の消費性向などの付加価値的な情報を分析することにも使われる。しかも情報が増えれば増えるほど、目的に応じた情報の分類分けも容易となる。プライバシーの崩壊は人権や犯罪に対する不安を増大させることにもなる。

(2) うす気味悪い社会

現代社会は、効率以外の価値も問われる時代である。たとえば、防犯あるいは情報の誤用などのセキュリティーに対する不安により、社会のうす気味悪さが増している。

安全・安心：過度な利便性に対する漠然とした不安。制度の悪用など社会不正に対する怒り。食糧費や医療費の増大などに対する不安。

情報漏洩：情報は、人々の利便性にもつながる。しかし、それは自己の利益につなげるための機会にもなる。たとえば、オレオレ詐欺、公的資金の不正受給などなど。医療記録の漏洩、企業技術や国家の安全保障情報の窃盗など、目に見えにくいものは、さらに問題だ。

(3) すり抜け社会

不確実な社会とは、監視がきかない社会でもある。すると、社会をすり抜けて生きようとする人たちが増える可能性がある。

たとえば、パンデミックなどによるワークスタイルの変化にともない、リモートワークが進むと、企業は従業員が何をしているかを把握できなくなる。すると、一部の人はモラルハザードを起こして、監視されていないことをいいことに、仕事をすり抜ける人が増える可能性がある。

あるいは、科学技術や情報化により、人々が意識しないうちにある行動に仕向けられる状況が考えられる。1週間、ケータイを持たずに生活できる人が何人いるだろうか。わたしたちの多くは科学技術や情報の恩恵を受けながらも、一方では無意識にある方向へのすり抜けをさせられているのかもしれない。

また、制度や技術などを悪用して、自分の価値観や利得を実現させようとする人たちが増える。その中には、目に見えにくいようなものもあり、偏見や格差が助長される原因にもなる。人々の相互の信頼は低下し、自分中心の行動が助長されるような傾向が高まる。

共有地の悲劇：共有の牧草地があり、10人の村人たちがそれぞれ10頭の羊を飼っている。この牧草地には１００頭分の牧草しかない。しかし、ある村人が自分だけはいいだろうと考えて、羊の数を11頭に増やした。それを見た別の村人たちが自分もと考え、次々に羊の数を増やしていった。その結果、牧草地は荒れ果て、すべての村人が被害を受けることになった。

技術の政治性：都市計画家だったモーゼスが設計した橋には、一般的なものより橋桁が低い特徴があった。彼は、そういう橋をわざと作ることによって橋の下を大型バスが通れないようにしたのだ。大型バスを使っていたのは、黒人や貧しい人たちだったので、バスを通れなくすることで、そのような人たちが自分の設計した公園などに来られないようにしたのである。

（ラングドン・ウィナー『鯨と原子炉』）

これらは技術の政治性、つまり人工物には何がしかの意図が気づかない形で埋め込まれていることについての警鐘である。

(4) 正解のない社会

人の寿命が延びているという事実は、それだけで不確実性に直面する時間が長くなるということである。人生が80年あるいは90年ともなれば、学校を卒業して就職、そして退職して余生を送るという従来のライフプランが成り立たなくなる。つまり、これまでライフステージが3つだったものが、4つ、さらには5つへと増えていく。

社会に出ると、正解がないことだらけだ。学校の勉強のように、何が100点で何がそうでないかもわからない。新しい情報がますます増えて、知識はどんどん陳腐化していくのが現代社会の1つの姿である。

これからの社会は、ますます「絶対」がない社会となる。なぜならば、情報があふれて選択肢が増えるし、人の価値観も多様化するからだ。逆に言えば、多くの正解がある社会になるとも言える。

したがって、情報を活用しながら自分で正解を選んで生きていく必要がある。たとえば、医療などの意思決定に必要な情報が専門家によって知らされ（インフォームドコンセント）、それに基づく意思決定を自分自身ができることが必要になる。

(5) 新しい価値を創造する社会

価値が多様化する社会は、新しい事業機会を創造する契機ともなっている。その芽生えは、社会起業家など、市場のギャップを埋める新しいアクターの登場である。

このようなアクターの精神は、問題を革新的な事業手法により解決する取り組みを行い、社会的な価値を創造することである。たとえば、「ＥＳＧ（Environment, Social, Governance）」という視点で事業に取り組む。また、そのような人たちの行動は、「何をどうするか」という手段だけでなく、「誰をどうするか」という、人そのものにも向けられるようになっている。たとえば、子どもの人身売買、人権問題や差別、違法就労、あるいは弱者に目を向けることによる、イノベーションが登場する。

ＭａａＳ：街中に「ＧＯ」と書かれたタクシーが走っている。これは、マース（Mobility as a Service: MasS）を提供しているタクシーだ。マースを使えば、リアルタイムでタクシーが向こうからいつでもどこにでも来てくれる。だからタクシー乗り場で待たなくていい。まさに発想の転換だ。

80

社会の分岐点

人々の価値観が多様化すると、ライフスタイルも変化する。そして、住みやすさ、モバイル性やコンパクト性、家電やロボットなどのストックが統合された社会システムへの要求が高まる。このような価値観の多様化により、社会はますます不確実になる。

では、何が不確実なのか。

医療サービス、食料の安全性、革新的な交通システムなど、製品やサービスのイノベーションがいつどんな形で現れるかは予測がつきにくい。そのときに、サービスのコスト体系の崩壊がどうなるかもわからない。

政府は、社会のセーフティーネットを構築する担い手である。しかし、人々の選択や社会保障などについて、いつどのような政策が発動されるかは不明である。

革新技術や情報が利便性を向上させるアクセルであるとすれば、人々のリテラシーはその行きすぎを是正するブレーキである。しかし、革新技術や情報に対する「リテラシー」向上がどのような形で進んでいくかもわからない。

不確実であっても、わかっている社会の状況がある。たとえば、今日の日本社会では、以下のようなことがわかっている。そして、社会もその方向に動き出している。

・高齢化や少子化により、労働人口が減る。
・高齢化が進むと福利厚生費は上がる。
・すると、税金などの支出も上がり貯蓄は減る。

これにともなって、不確実なことがらが起きる。

・労働人口が減れば、経済が成長しない可能性がある。
・移民を受け入れれば、世帯数が変化する。
・市場競争、資源競争、環境問題などにより、技術開発や産業のシフトが起きる。するとライフスタイルやワークスタイルが変わる。

	集中型社会	分散型社会
特徴	画一的	多面的
推進力	経済成長	革新技術
ビジネス	女性や年寄りも働ける環境	リモートワーク
交通	縦に動く モバイル交通 利便性	横に動く 高速交通 燃料効率
福祉	集中ケア	自己管理
エネルギー	効率性	分散性
セキュリティー	複合的	個別的

このような状況を考えながら、ライフスタイルの不確実性と価値を生み出す社会の姿を考えてみよう。

人の生活はどのように変わるか。ここに2つの仮想的な社会が描ける。

集中型社会は画一的である。エネルギーの効率性やセキュリティーも複合的である。イメージとしては、ゲートシティーだ。

年代の違う男女が集まる。ビジネスもそのような人たちが活躍する状況になり、小規模なベンチャーが増える。人が集まると住居は縦に長くなる。移動も利便性が求められる。

このような社会は、所得が上がらないと実現できそうもない。

分散型社会の価値観は多面的である。仕事や学業もリモートが中心になる。移動は横方向に長くなる。高速で効率の良いリニアカーや電気自動車が必要になる。医療や福祉、エネルギーやセキュリティーも各々が管理せざるを得ない。

それを実現する鍵は、革新技術にある。

リアルオプションの理解

81

意思決定の考え方

ものごとを決めるとき、何かの理論が必要なわけでもないし、正しい方法があるわけでもない。また、結果についても、成功することもあれば失敗することもある。しかしながら、それほどの根拠もなく、そのときの気分でやり過ごしても、そこから学べることは少ないだろう。

経験を積めば、より良い意思決定を行えるようになるのかもしれない。自分のまわりを注意深く観察し、いろいろなことを経験から学ぶことができる。自分の経験だけでなく、他の人の経験を学ぶこともできる。たとえば、お母さんの料理は美味しい。それは、お母さんが長年にわたり培ってきた試行錯誤の結果であり、そこにあるのは独自の経験である。美味しいのなら、理論も何も関係なく、その方法を学べばよい。そして、それを今度は自分自身の味として創っていくことができる。

しかし、自分自身で経験を積み重ねていくのには、時間がかかる。さらに、人の経験を共有するのは極めてむずかしい。なぜならば、人の経験には言葉では言い表せないような要素がたくさん含まれているからだ。実際、自分の経験を他の人に伝えることを考えてみよう。すべてを言い表せないと感じるはずである。

そんなときに助けになるのが理論である。理論というとむずかしく聞こえるが、そんなことはない。理論は、ある仮定（仮説）とモデルの組み合わせである。もしもある仮定が成り立つとすれば、ものごとをこんなふうに考えることができるのではないか、こんなふうにできるのではないかと、思考や実践を考えてみる。それがモデルだ。

論とは、1つの意見であり、考え方だ。理論はある条件の下で組み立てられた考え方であるから、それが必ずしも正しいわけではないし、実社会で役立つともかぎらない。しかし、理論は、論に理がついている。理はロジックである。ロジックとは、考え方の道筋だ。したがって、理論は理路整然としたものであるべきであり、そのことにより、多くの人の間で共有できる。ここに、理論の1つ目の利点がある。

理論は、また、それを考えるのが自由である。つまり、自分自身でいろいろな仮定を立てながら、いろいろなことを考えることができる。だから、実際の経験ではなくても、いろいろなシミュレーションをすることができる。シミュレーションとは、モデルを作ってそれを観察あるいは実験することをいう。つまり、理論から多くの仮想的な経験を積むことができるのだ。ここに、理論の2つ目の利点がある。

自分が理論を立てて何かをやってみたとしよう。すると、成功することもあれば失敗することもある。結果はともかくとして、大事なことは、その成功や失敗経験から学べることだ。自分の仮定やモデルのどこが現実的でなかったのかを後になって検証できるからだ。

この意味で言えば、理論は1つの規範である。規範とは、判断や行動などの軸、根拠を意味する。何かをやってみて、成功したとか失敗したとかの結果だけを繰り返しているようでは成長しない。だから、理論を1つの根拠として、なぜ成功したのか失敗したのかを理論に照らし合わせて考えることこそ、理論の最大の効用である。そして、ここに意思決定論なる学問の意味もある。

まとめとして言うと、意思決定の方法には大きく2つある。

1つ目は、現実を観察し、その経験から学ぶ方法である。これを「**記述的意思決定**」という。記述的意思決定は、「こうなのだから、こうすればよい」というような考え方だ。

もう1つは、仮定とモデルの組み合わせにより、何がしかの真のロジックを構築する。そして、「ロジックとしては正しいのだから、こうすべき」という考え方だ。これを「**規範的意思決定**」という。

どちらが正しいというわけではないし、それぞれに長所と欠点がある。しかし、意思決定の考え方にも2つあることは理解しておくといいだろう。

82
リアルオプションとは

意思決定に将来の不確実性があるとき、状況に応じた柔軟な対応ができれば、そのほうがリアルである。リアルオプションは、この考え方を事業の将来性評価に適用する手法として発達してきた。

リアルオプションは、金融工学を背景とした意思決定手法である。それを金融以外の資産、つまり実物資産（プロジェクトなど）における意思決定に応用したのがリアルオプションである。リアルとは「実物」の意味だ。

オプションは、一般的には、選択肢である。しかし、それが意思決定で用いられるとき、より厳密な意味では「権利」を意味する。権利であるから、そのオプションを実行してもしなくてもよい。

たとえば、飛行機のチケットの予約をする。これは、購入する権利を得たオプションといえる。しかし、必ずしも購入する必要がなく、旅行が中止になればキャンセルできる。

　このように、リアルオプションは、状況の変化に応じた行動を前提としたものであり、事前に意思決定を固定的に行うのではない。大切なのは、チケットを購入するかしないかだけでなく、購入してもキャンセルできるのか、さらには転売できるのかなどの「**行動の柔軟性**」に着目することである。

83 金融オプション

オプションの考え方は、金融商品の取引から生まれたものであるので、まず、金融取引のメカニズムを理解しよう。最初に、株などの金融商品の売買を考えてみる。

金融商品の売買には、**「ロング」**と**「ショート」**の2種類がある。

ロングは「買い」を意味する。ただし、単に買うのではなく、何がしかの「担保」を前提に取り引きする場合を指す。たとえば、ドルを買う。すると円安になった（ドルが値上がりした）ときにドルを売れば利益を得ることができる。反対にドルが値下がりすれば損をする。

ショートは「売り」のことをいう。たとえば、株を持っていなくても他のところから借りることができれば、将来の株価の下落を見越してそれを売る。そして値下がりしたときに買い戻して、借りた株を返せば利益を得ることができる。反対に株が値上がりすれば損をする。

オプション取引とは、ある原資産を、将来の一定の期間「満期日」において一定の価格「行使価格」で取り引きする「権利」を付与する売買契約をいう。原資産とは、取引の対象となっている、株式、債権、為替などの資産をいう。

オプションにも２種類ある。「**コール（Call Option）**」と「**プット（Put Option）**」だ。「コール」とはオプションの保持者に資産を「買う権利」を与えるものをいい、逆に「売る権利」を与えるものを「プット」と呼ぶ。

たとえば、行使価格を１００円とする。コールを買った場合、満期日の株価が１２０円であれば、オプションを行使して株を１００円で買って１２０円で売れば１株あたり20円の利益をあげることができる。

一方、プットを持っていて、満期日の株価が90円であったときに、オプションを行使して株を90円で買って即座に１００円で売却すれば10円の利益を得る。

コールは買い付けを呼び戻す、プットは売りつける意味である。

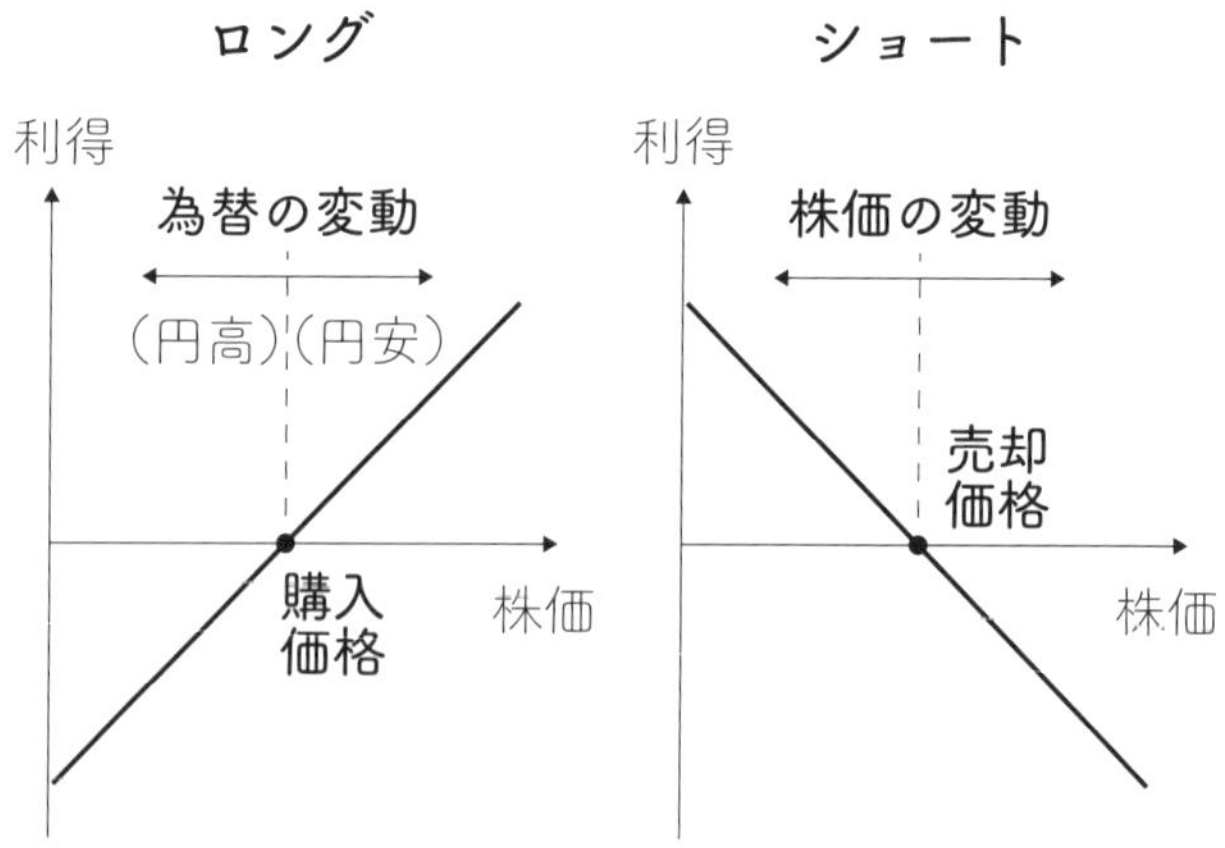

オプションの保持者（買い手）は、自分が有利になる場合にはオプションを行使し、行使価格を境にして無条件でリスクを回避できることになる。

一方、オプションの売り手には、オプションが行使されれば、それに対する義務が生じる。売り手の側から見れば、自分が不利になる場合にはリスク負担が生じるのであるから、リスクを引き受ける対価としての報酬、つまりプレミアムを買い手に対して要求することになる。

したがって、売り手側から見れば、負担するリスクは不確実であっても、受け取る対価としてのプレミアムは確実なものにできる。逆に、買い手側からは、プレミアムを支払わなければならないのに、実際の損益は不確実である。つまり、権利を行使できなければ、オプションの価値はマイナスになる。

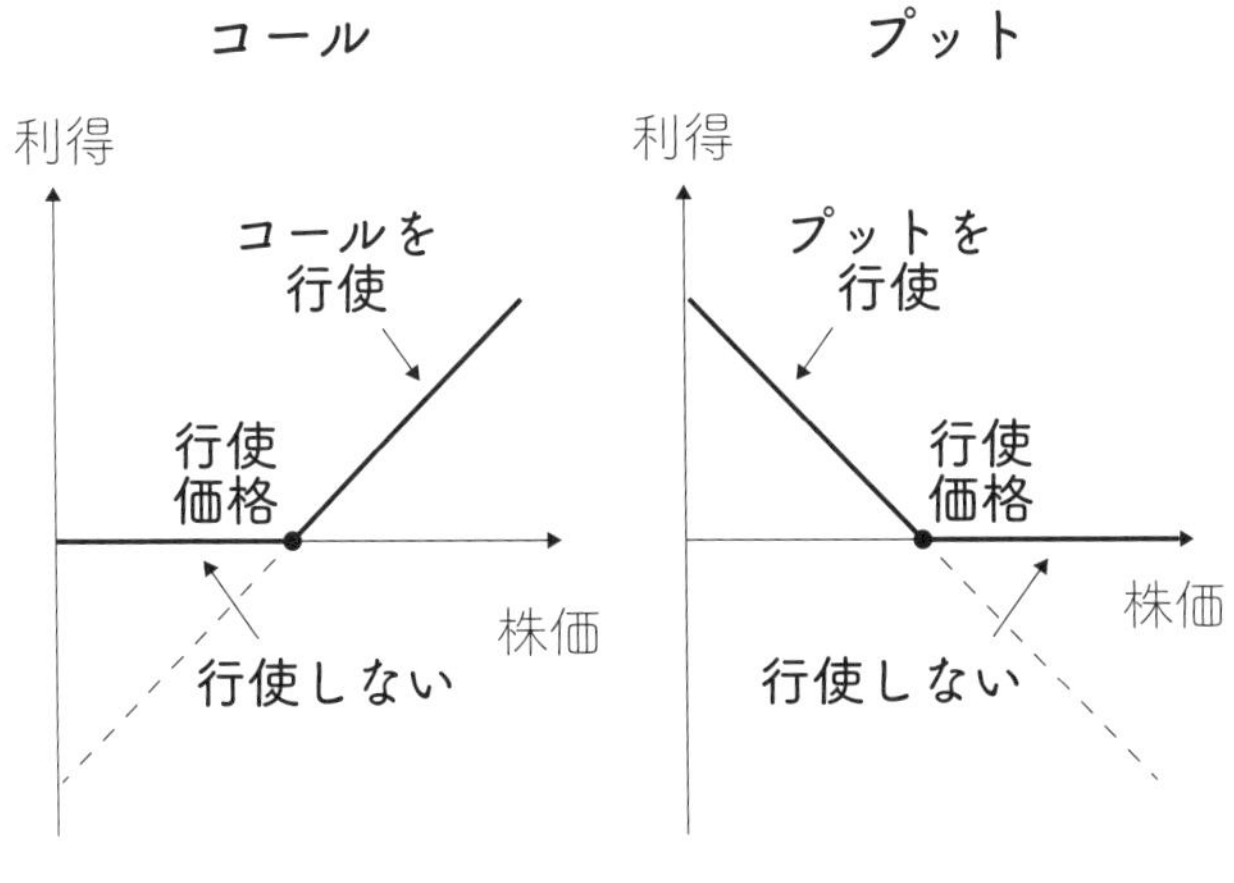

オプション取引の起源は、ギリシャ時代のオリーブの取引に遡ると言われている。ある人が、翌年のオリーブの豊作を予想し、前もってオリーブの搾り機を借りる権利を買ったらしい。このようなオプションに似た取引は、江戸時代の帳合米と言われる先物取引ですでに行われていたことが知られている。たとえば、次のような記述がある。

江戸時代の先物取引

「米會所の制度確立されるに従ひ叙上の如き格付制度の完璧をみ、約定期日の到來に際しては現實に米を受渡して取引を決済する様な仕法になっており、終局に於ては米取引の構成となって顕はれたのである。それ故に受渡期日の到来以前に於ける利喰ひする空米賣買もその結末に於ては現實の米取引となるから取引連鎖の一部分をなす賣買取引であると考へることができる。又米會所の空米賣買は取引双方が思慮ある見込みに基づいて米相場の騰落を豫想する賣買取引である。然るに賭博行爲は單に盲目的天運主義とでも云ふべきか何等依るべき想據をもたぬ經経的に意義なきものである。斯如く空米賣買と賭博行爲とは根本に於て相異した基礎の上に立ってゐる」

（鈴木直二（1965）、『江戸における米取引の研究』）

84 リアルオプションの例

(1) 婚約オプション

結婚は人生の墓場。ロマンティックな話をそんな打算に満ちたような例にはしたくないが、あくまでもオプションを理解するためである。結婚は、意思決定のコストを理解するいい題材でもある。

ただし、必ずしも打算ともいえない。たとえば、かの国では離婚率が5割を超えている。しかも、2、3回の結婚を繰り返す人も珍しくもない。そこで、結婚時に、離婚の際の慰謝料の契約を取り決めている例もあるようだ。たとえば、もし離婚した後に前夫が発明とか賞とかで大金を手に入れる。そのときは、その半分をもとの妻に分け与えるというような契約をした人もいるようだ。日本だって、そのうち同じようにならないとはいえない。

婚約は結婚を原資産とするオプションといえる。オプションなので、満期(行使期間)や行使価格、そしてオプションの対価としてのプレミアム(オプション価値)を決めておく。

たとえば、結婚までの婚約期間は最大3年以内、プレミアムとして違約金を決めておく。行使価格は、意思決定の参照点としての判断基準である。たとえば、1年間で幸せを感じた回数とか、喧嘩の回数とか、自分の価値に合わせて考えればいい。そして、基準がクリアできたら結婚を決める。そうでなければ結婚しない。1年間でわからなければ、婚約期間を2年に延長する。そしてまた同じ観察をする。それを最大3年までは行うというように。

ここで大事なことがある。それは判断基準としての行使価格、つまり「ゴールポスト」を動かさないことだ。また、結婚すると決めるのならば、将来性としての幸せが大きいかどうかを考えること。つまり、目の前の幸せだけでなく、結婚による潜在的な幸福度が大きいほうが好ましい。つまらない結婚をしても、それほど楽しくない。

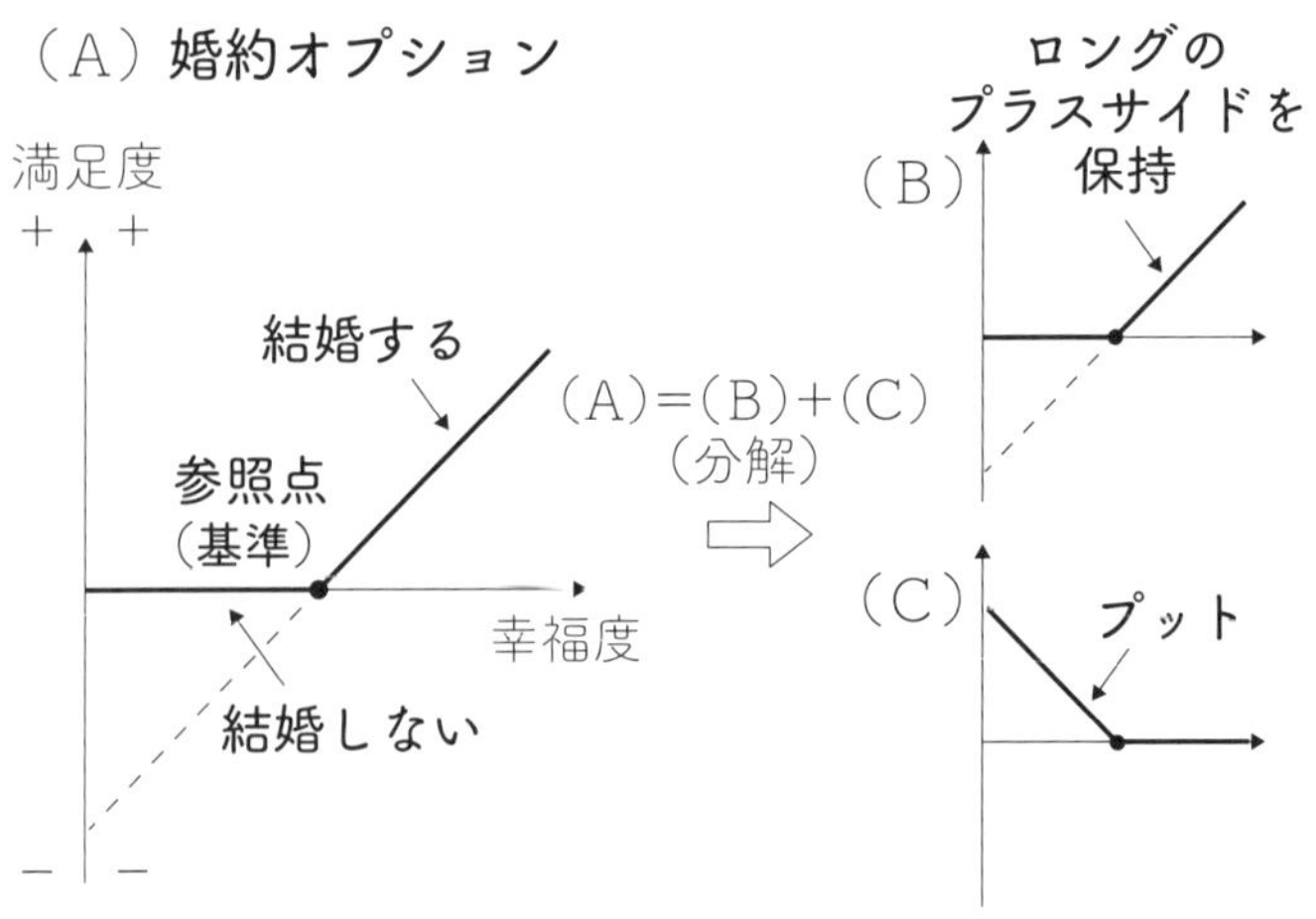

この判断は人によって違う。相手に対する期待が小さくても不安は避けたい「リスク回避型」、あるいは、相手に対する不安よりも大きな期待を重視する「リスク愛好型」。それは、個人の価値観の違いによる。

婚約オプションのメカニズムを考えてみよう。右図は、縦軸を満足度、横軸を幸福度として描いたものであるが、婚約オプションは、図の（A）にあるようにコールの形をしている。幸福度が参照点としての基準（行使価格）を上回れば、タイミングを見計らって結婚する。そうでなければ婚約を破棄する。

ここで、図（A）の婚約オプションは、図（B）のロング（買い）と図（C）のプット（売る権利）に分解できる。言い換えると、（B）と（C）を合成したものが（A）である。

ロングは、結婚そのものである。株と同じように、結婚は、配偶者を担保にしてお互いの幸せを期待するものである。そして、（B）の実線部分で示したように幸福度が上がれば満足度も上がるが、そうでないと破線のように損をしたと後悔することになるかもしれない。

一方、（C）のプットである。たとえ、幸福度がある基準以下になっても、損はしない。そのときの違約金がプットから得られる利得になる。

つまり、婚約とは、結婚という担保を持ちながら、プットを確保していることにほかならない。

(2) 健康オプション

人は20歳を過ぎると、体力がピークを迎えるらしい。体の老いが始まる。中高年ともなれば、高血圧になるなどの持病も増える。そして、悪化を防ぐために薬を飲み始める。飲まないと病状は悪化する。

しかし、飲み始めると服薬を一生止められない。そもそも薬を飲むことが体にいいとは思えないが、病気の悪化をくい止めることができる。

むずかしいのは、タイミングである。これ以上はダメという下限、ボトムを決めて、そこから改善を図る。

健康も婚約オプションと同じ構図であるが、婚約オプションの場合はロング（買い）のプラスサイドを保持したいのに対し、健康オプションはそのマイ

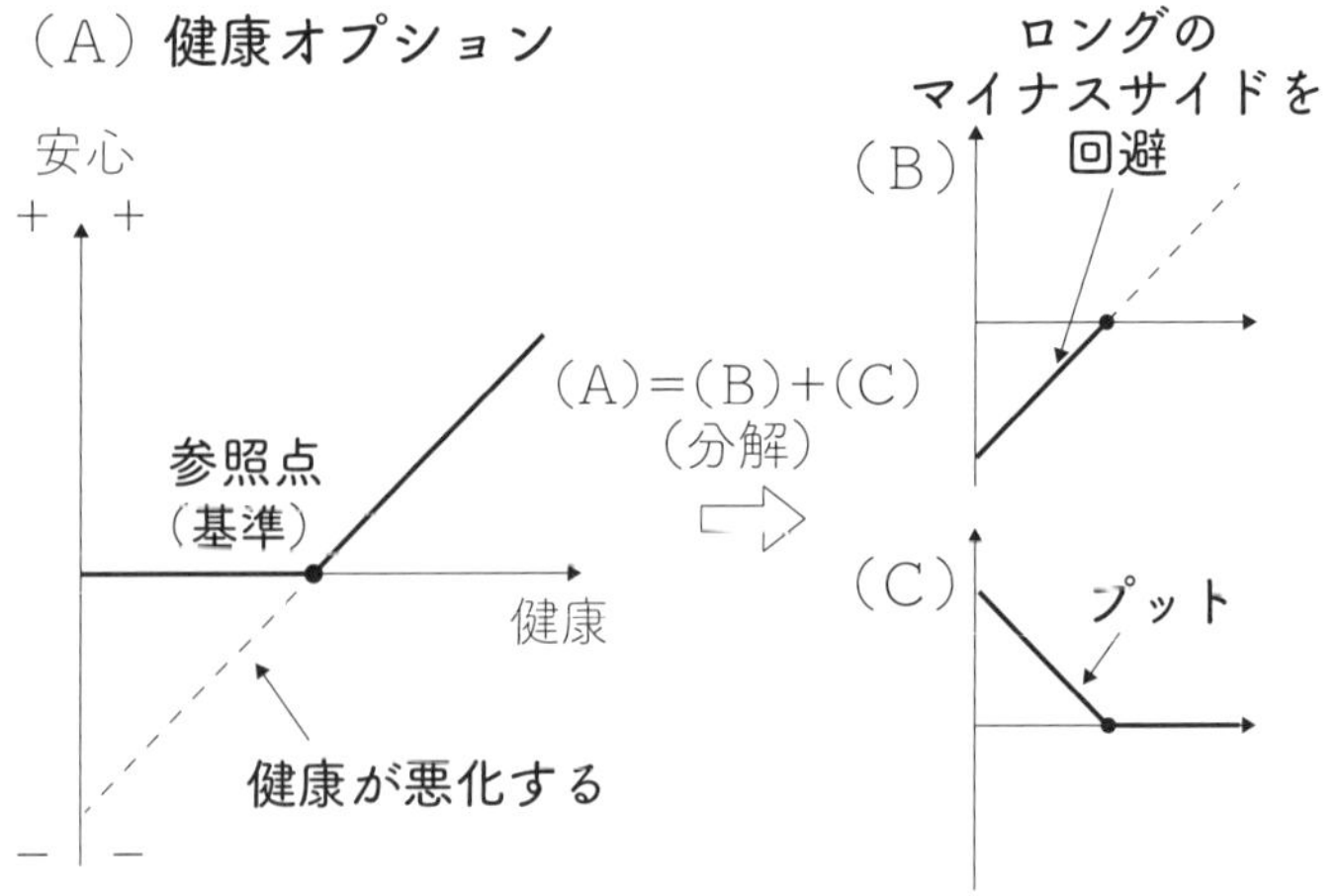

ナスサイドを回避したい。ここでは、縦軸を安心、横軸を健康の度合いとして図化した。この場合の参照点（行使価格）は、たとえば高血圧の場合、血圧150などにする。

図（A）の健康オプションを見ると、コール（買う権利）の形をしている。そして、服薬することによって安心を平準化する。（A）を分解すると、図（B）と図（C）に分けられる。（B）のロングは、体を担保にして自然な健康状態を維持しようとしている。適度な運動などによって健康を保てれば安心感が持てるのを破線部分、健康が悪化して不安が増えるのを実線部分としよう。

一方、（C）のプットはまさに薬の効果である。健康がある基準以下になったときに、薬を飲み始める。（B）と（C）を組み合わせると、健康が維持されて安心が平準化するような（A）のコールになる。健康維持としての服薬も、プットを売りつけていることにほかならない。

つまり健康が悪化したときのみ、薬の効果が発揮されているわけである。そして、このプットがまさに健康悪化をくい止める薬の効用といえる。

（3）通話オプション

通話オプションを契約した場合の携帯電話の料金と通話時間の関係を示したのが、図（A）

である。料金は、通話時間とは無関係なので、一定の水平な直線になる。

次に、図（A）を分解すると、図（B）と図（C）の組み合わせになる。言い換えると、（B）と（C）を合成したものが（A）である。
（B）は、オプションがない場合の料金、つまり携帯を保持したままの状態であるので、言わばロングである。したがって、通話時間が長くなればなるほど支払い料金も増える。

一方、（C）はショートの形をしている。これは、通話時間が長くなればなるほど、料金の低減効果が大きくなることを表している。その際、時間Tまでは料金がプラスになっており、オプション効果が出るのは通話時間Tを超えてからということになる。したがって、このTは、通話オプションを契約するかどうかの分岐点となる通話時間である。

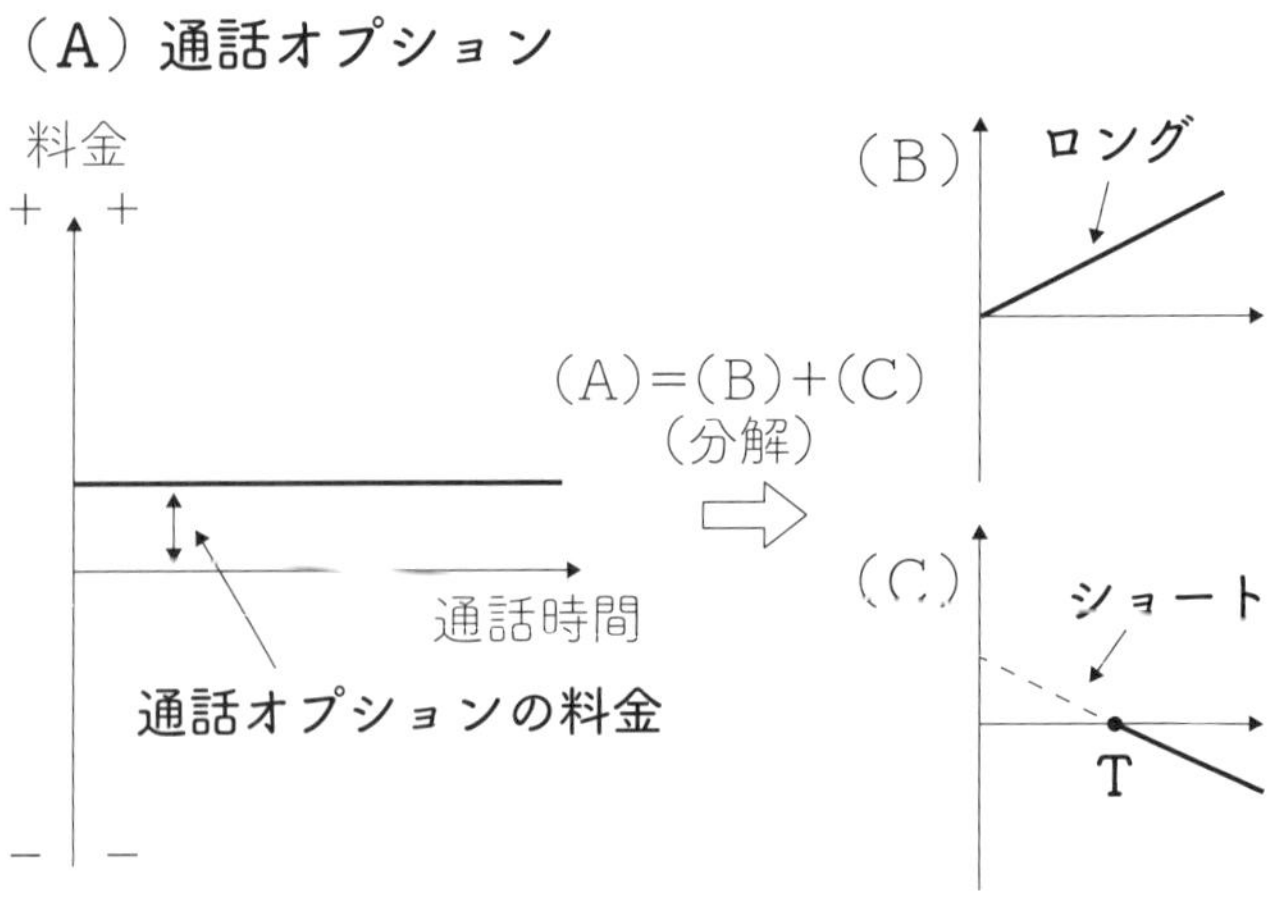

リアルオプションは、意思決定における1つの考え方である。その背景となっているのは不確実な状況での意思決定であり、柔軟な行動を段階的に行うところに特徴がある。オプションとは、前にも述べたように権利である。権利は、柔軟な選択を自分自身でできる自由のことだ。

リアルオプションを行使しようと思えば、まず、それが自分の権利である必要がある。つまりは、自分でできないことには意味がない。できなくてもやりたいのならば、やる方法を持つ必要がある。重要なことは、意思決定の基準を明確にしておくことだ。何かをするときに、基準がフラフラしているようでは、到達点がわからなくなる。

まず、1つのオプションを実行してみる。そして、基準を達成できれば、そのオプションを行使する。それを段階的に繰り返していくのがリアルな意思決定である。

オプションを行使するときに、意思決定で大事なもう1つのことは、期限を切ることだ。たとえば、何回も何年もやっているのに成果が出ないとすれば、それは何かがおかしいのであり、行動を変えるのが賢明だろう。

事業のリアルオプション

85 従来の考え方の盲点

（1）NPV（Net Present Value＝正味現在価値）の盲点

NPV（Net Present Value）とは、あるプロジェクトが生み出すキャッシュフローを現在価値に換算した総和から、初期投資額を引いたものだが、投資評価で用いられるもっとも伝統的な手法では、ここからさらに、リスクによる価値の割引を考慮したリスク調整済NPVが用いられる（261ページ）。これを「伝統的NPV」と呼ぶ。伝統的NPVは、期待収益からリスクプレミアムを考慮した割引率によってリスク調整された値である。

しかしながら、NPVは特定のシナリオに基づく分析手法であり、将来の事業環境が大きく変化するような不確実性の下では最適とはいいがたい。

株式などの金融投資では、リスクプレミアムは「市場リスク」という投資家に共通な指標を用いた評価が可能だが、不動産や建設、あるいは研究開発のような事業投資は、株式投資のような市場にある資産とは異なり、個別性が高い。不動産や建設は取引の場所や時間が異なるし、株式のように即座に売買ができず取引自体の流動性も低い。新しい研究開発ともなれば、類似するような投資対象も限られているから、過去の経験を参考にするのもむずかしい。

このような、市場のメカニズムが十分に機能しないような投資においては、個別リスクを無視することができなくなる。

NPVの計算に個別リスクを考慮するためには、あるいくつかのシナリオを考えなければならない。すると、特定のシナリオを前提にした個々のリスクプレミアムの積み上げにより求められたリスク調整済みNPVを求めることができる。

しかし、現実は想定したシナリオどおりに進むとは限らない。あるいは、シナリオが破綻したり、予期しないリスクが発現したりする場合もある。また、リスクの過大見積もりや幻想を含むような恣意的な評価のために、評価の信頼性が著しく低下する状況も考えられる。そもそも、不確実な将来に対して、完全なシナリオを描くことは不可能ともいえる。いくつくらいのシナリオがあるかもわからない。

伝統的NPVのもう1つの欠点は、特定のシナリオを想定しながら、意思決定を「今行う」という原則にある。

ＮＰＶ評価では、初期投資を取引の条件として、将来の期待収益の現在換算値がそれを上回る場合のみが考慮される。このような意思決定は、実際の事業環境が想定したものと乖離する・しないにかかわらず、今即座に意思決定すべきであると言っているに等しい。

もしも、事業のＮＰＶが極端にマイナスであったり、逆に十分に大きな値になったりすれば、ＮＰＶにこのような限界があったとしても、投資の判断はそれほどむずかしくないであろう。十分に大きなＮＰＶが期待できる事業は、それだけですでに魅力的だからである。

しかし、それでも、想定したシナリオどおりに実際の行動がとれるかが不明であるばかりでなく、不確実であるはずの将来の事業環境に対してもっとよい行動をとれる機会を過小評価してしまう可能性がある。

伝統的なＮＰＶ評価では、不確実性がもたらすリスクによる価値の低減に着目し、それを最小化するような意思決定を行う。しかし、あるシナリオを想定した安全を見込んだ行動は、不確実性の傾向やその影響の予測の精度に確信が持てるような場合には機能するが、大規模な事業や時間的な要因が支配するような投資事業の評価には適するとはいいがたい。

そこで登場したのが、リアルオプションである。リアルオプションは、金融以外の実物資産への投資において、不確実な状況で最良の選択をすることのできる権利を意味する。

リアルという用語は、金融のファイナンシャルと区別するために使われているものだが、広くいえば、どちらもオプション（権利）であることに変わりはない。権利というのは、オプションを行使してもしなくてもいいという意味だ。

オプション分析では不確実性をプラスの要素と見なす。オプションの利点は将来の不確実性に応じた柔軟な行動をとれる点にある。したがって、オプションを考慮すれば、特定のシナリオを前提としたリスク調整に基づくより、もっと効果的な意思決定が可能になる場合がある。

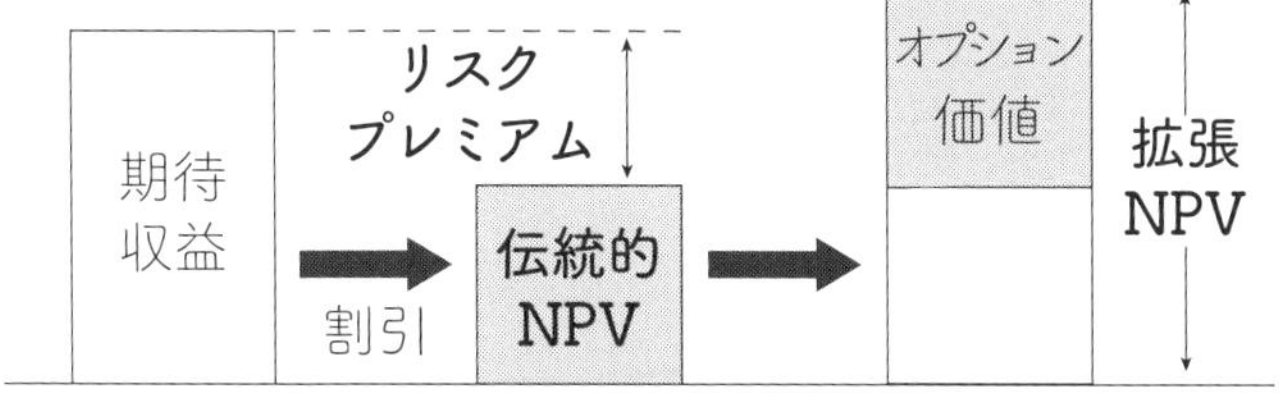

リスクという言葉のイメージはネガティブであり、多くの人は、それを小さくすることを考えるだろう。しかし、将来シナリオの不確実性と行動の柔軟性という2つの条件が揃えば、ものごとを今決める必要はなくなる。

リアルオプション分析では、将来の好ましい状況に応じた意思決定の「リアルオプション価値（Real Options Value：ROV）」を伝統的NPVに加えた、「拡張NPV」を意思決定の指標とすることにより潜在的な事業価値を拾い出す。

拡張NPV＝伝統的NPV＋リアルオプション価値

オプションの価値は投資対象に含まれる不確実性が大きければ大きいほど増大する。アップサイドの好機が訪れたときにオプションを行使するのが、リアルオプションの発想である。

（2）PDCAの盲点

PDCAは、計画（Plan）、実行（Do）、評価（Check）、改善（Action）という4つの要素からなるサイクルを繰り返す事業管理の考え方である。

ＰＤＣＡにおけるPlanとは、目の前の仕事に対して、誰が、いつ、どこで、何を、などを明確にする作業であり、Doでその Planを実行する。そして、Planどおりに実行できているかを検証するのがCheckである。ActionではCheckで評価した成功例や失敗例を検討して、必要に応じた改善を行う。

ＰＤＣＡのメリットは、やるべきことの内容や責任などが明確になることである。しかしながら、一方では、ＰＤＣＡは固定的なシナリオや数値目標を前提としたものであり、不確実な状況では、そのシナリオが現実的であるのかが不明である。

マネジメントを、「成果を高める」行為であるとすれば、固定的な発想による事業管理手法が、不確実な状況に合うかどうかを考える必要がある。

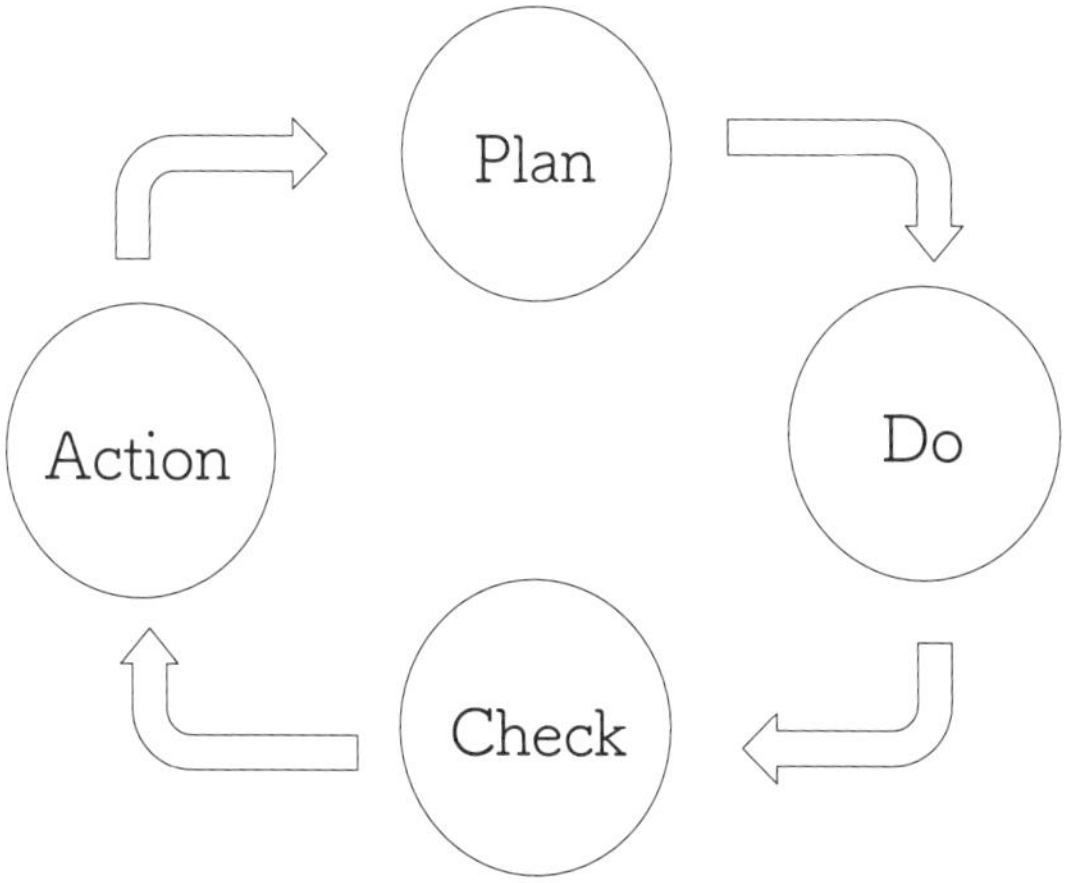

86

段階的な意思決定

リアルオプションの考え方は、将来が不確実な状況において、状況が明らかになったときに柔軟な選択肢がある事業は、そうでないものに比べて価値が高いというものだ。

柔軟性とは、将来のあるタイミングで行使できる、撤退・拡大／縮小・再投資・延期・統合・切替・復元などのオプションが多様であることを意味する。

東京の交通網は、世界的にもとても優れている。これを、（たとえば山手線や中央線などを）最初から作ると仮定したときの考え方を例にして、意思決定を考えてみよう。

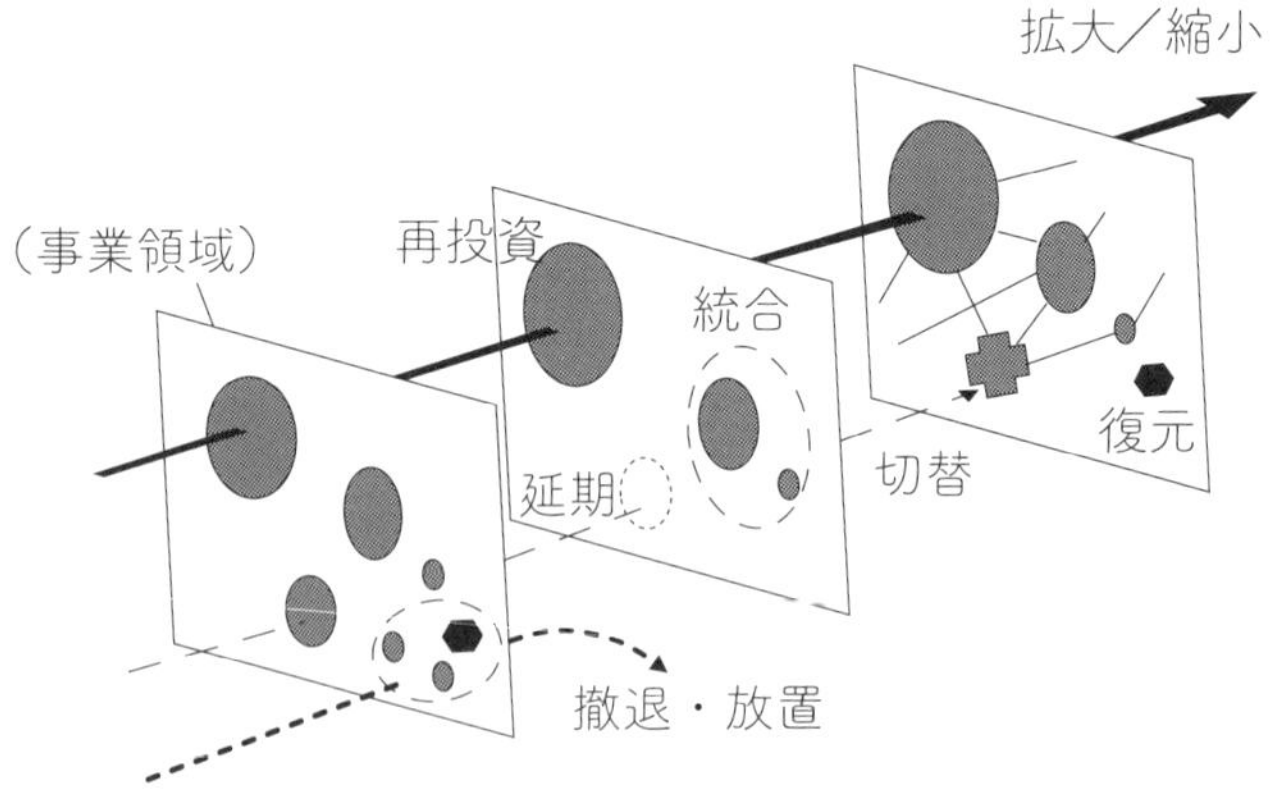

この場合、すべての鉄道を一気に整備するのではなく、段階的に行うことを考える。このようなインフラ投資には莫大な費用が必要なので、そもそも一気にはできない。まずは山手線の土地を確保して、状況に応じて部分開通する。それを繰り返しながら、全線を開通すればよい。

山手線の開通によって、いくつかの中核都市、たとえば東京とか新宿とかが発展して交通需要が増えれば、次は中央線を作る。その場合、山手線の需要で収益が上がっていれば、新しい路線の資金繰りは容易になる。同じように、京浜東北線や総武線を順次整備していけばよい。

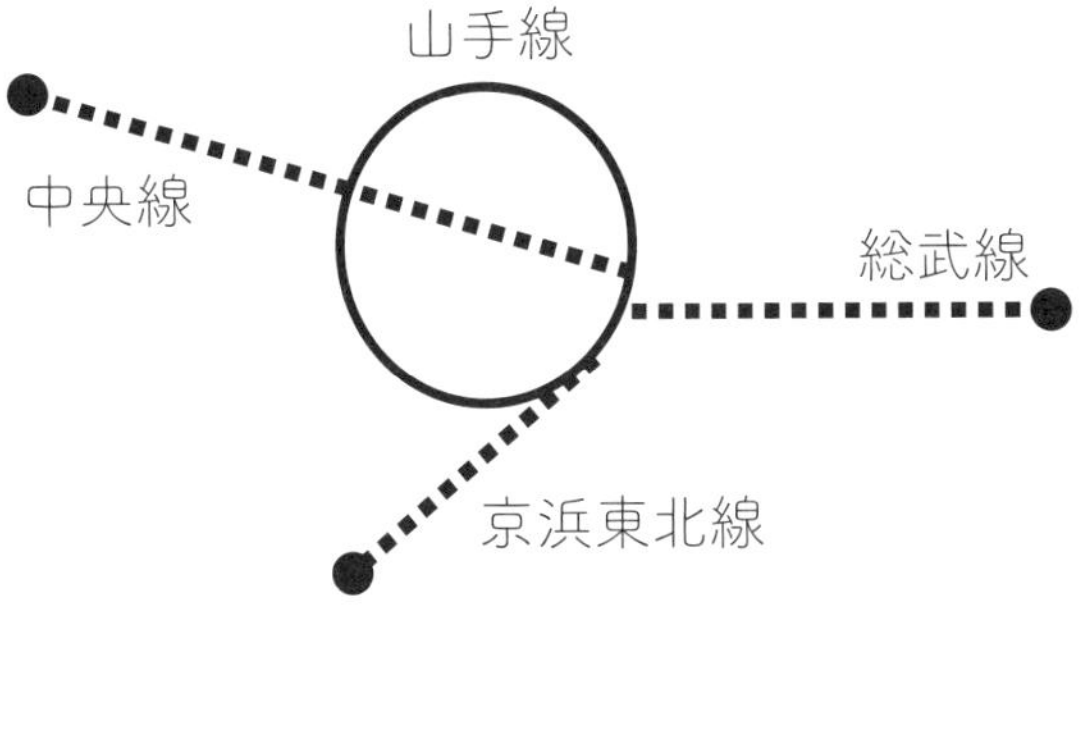

Source with modification: Santi, C

ここで大切なことがある。それは、将来、新宿方面、横浜方面、千葉方面の、どの交通需要が増えるかどうかが、事前にわからないことである。つまり、交通需要は不確実なのだ。しかし、都市人口の動向などの情報をもとにすれば、次に中央線を作るのか京浜東北線を整備するかについて、より柔軟な選択ができるようになる。

一方、仮に山手線の開業が失敗に終わったとしよう。しかし、他の路線の開業を安易に中止する必要もない。

なぜかといえば、本当の潜在的な需要は横浜方面にあるのかもしれず、むしろ京浜東北線のほうが価値があるかもしれないのだ。すると、京浜東北線を素早く開通して、他の路線は遅らせる。このように、選択の柔軟性があれば、価値はより高まる。

山手線は原資産である。原資産とは、もともとの投資の対象となった事業や投資対象のことをいう。多くの投資事業には、段階的に後続する事業がある。すると、他の路線は山手線から派生したようなオプションといえる。

したがって、原資産の評価に後続する事業価値をオプションとして組み入れる。そして、原資産そのものの価値だけではなくて、派生したオプションの価値を行動の柔軟性とともに考えれば、それを考えない場合に比べて原資産の価値が高く見積もれる可能性がある。

オプションは、将来が不確実な場合により大きな価値を持つ。これが、リアルオプションの原理である。

前述のように、オプションとは、投資プロジェクトに付随する、将来において行使可能な「権利」を意味する。義務ではない。このうち、リアルオプションは、金融商品などとは違う実物（リアル）の投資事業にあるオプションのことだ。通常、投資プロジェクトの意思決定を先延ばしする権利を持つことは、プラス材料と考えられる。ただし、権利であるから、それを行使するかしないかは、そのつどの判断になる。

実際のオプションとしては、事業の拡大／縮小、再投資、延期、統合、切替、放置、復元、撤退などが考えられる。そこで、リスクを最初からＮＰＶの評価に入れず、このような機会が訪れたときに、将来の状況を見ながらオプションを行使すればいいわけだ。

リアルオプションの考え方は、インフラ事業だけでなく、たとえば石油などの資源発掘、医薬品の開発など不確実性の高い事業に適用される。また、新規事業のスタートアップなどにも有効である。

たとえば、製品の工場などを建設する場合でも、いきなり大規模施設を作るのではなく、まずは土地だけを購入して、需要や所得などの経済状況を見ながら建設の是非を検討する。あるいは、企業が海外進出する、新製品を市場導入するなどの意思決定においても、まずは小規模なテストマーケティングを行い、情報を集めた上で本格的に事業を展開するかどうかを決める。

もし事業を止めることにでもなれば、最初から市場参入した場合に比べて損失が少なくなるのは明らかだろう。

その逆もまた然りで、可能性が見つかれば本格参入する、そして将来投資を拡大あるいは再投資するような機会を見つけて、**段階的な意思決定を続ける**。これが、リアルオプションの発想である。

87

事業オプションの分類

事業のリアルオプションは一般に、投資オプション、契約オプション、運営オプションの3つに分類できる（Amram&Kulatilak『Real Options』）。

多くの場合、オプションは組み合わせて用いられるが、事業投資のプロセスという観点から、この手順でオプションを分類すると、理解しやすいだろう。

投資オプション：これは、投資時期を繰り上げるか延期するかというようなタイミング、あるいは拡大や縮小などの投資規模に関する柔軟性についてのオプションである。

契約オプション：実際に事業を実施する場合、当事者同士が契約を結ぶことになる。その際、ある特別の契約を結ぶことにより、リスク分担を変えることが可能となる場合がある。契約オプションには、事業の許認可、事業主（たとえば、政府）による補助などが含まれる。

運営オプション：事業資産の成長性に関するオプション。投入資源やアウトプットに不確実性があるような投資事業に適用される例が多い。たとえば、新しい施設の建設にともない古い施設の用途を切り替える、あるいは事業から撤退する、事業期間を延長するなど。

88

投資オプション

投資オプションは、基本的には、投資のタイミングに関するものである。しかしながら、それをもう少し広く考えて、タイミングだけでなく、誰がいつ投資するのがよいかを考えることは重要である。

投資オプションは、事業者（アクター）としての公共と民間、さらには原資の出どころによって分けられる。

まず、事業者が公共セクターであり、原資も税金によって賄われる場合、それは従来型の政府による直接投資である。

この場合、事業の原資が利用料金収入に依存するのであれば、それは純粋な政府投資ではなくて、第三セクター方式と呼ぶことができる。

たとえば、空港や高速道路、あるいはエネルギー施設などを運営する主体が営利企業ではない場合がこのタイプに当てはまる。

事業者が公共セクターでない、公共サービス提供の事業への投資は、ＰＰＰ（Public Private Partnership）と呼ばれる方法になる。

ＰＰＰとは、施設等の設計、建設、維持管理および運営を、民間の資金と技術力により提供するサービスをいう。

事業者が民間セクターである場合、公共物以外のサービスであっても、事業者は政府の規制や法律に沿って事業を行うのであるから、広い意味では、事業者が民間セクターであればすべてがＰＰＰであるともいえる。

ＰＰＰは、公共と民間が連携して公共サービスの提供を行うスキームであるが、これをさらに詳しく見ると、ＰＦＩ（Private Finance Initiative）と呼ばれる方式と、本来的なＰＰＰに分類できる。

ＰＰＰとＰＦＩの大きな違いは、原資が税金であるか否かである。これについては、後で詳述する。

公共セクター：公共セクターは中央政府と地方政府に分けられる。このうち、地方公営企業は、利用者から料金を徴収するなどの収益性のあるプロジェクトについて、企業会計的な手法を導入して管理されている自治体内の組織である。地方公営企業が行う事業には、水道事業、運送事業、鉄道事業、電気ガス事業、病院事業などがある。原則として、公営事業に出資できるのは、地方自治体のみである。住民や民間企業が出資することはできない。公営企業は、法人税などの税金を払わなくてよいし、補助金などさまざまな支援を受けることが可能である。

民間セクター：民間出資が１００％である組織。民間セクターは、利潤の追求、すなわち企業価値の最大化を目的としている。金融機関や株式市場、債権市場などの資本市場から資本を調達し、プロジェクトに投資して利益をあげ、利息や配当金として資本提供者に利益を分配する。株式会社は商法の適用を受け、株式の保有割合による利益配当などいくつかの権利を有している。民間会社への政府支援は、税の免除、補助金の交付、債務保証、融資などがある。ＰＰＰ事業を実施する主体は、ＳＰＶ（Special Purpose Vehicle）とも呼ばれる。

第三セクター：第三セクターの株式会社は、政府と民間の両者が株式を保有しているが、株式会社である点は民間と変わりない。したがって、商法上、税法上は民間と同じ扱いを受ける。また、売買が自由であること、有限責任であることも同じである。第三セクターであることで、法律上の扱いが異なることもある。たとえば、公共支出の割合に応じて行政財産の貸し付けができる。また、公的な支援を受ける際に、第三セクターであることが条件となる場合もある。

89

ＰＰＰとＰＦＩ

典型的なＰＰＰの1つに「ＢＯＴ（Build Operate Transfer）」がある。これは、民間事業者が建設から運営までのリスクを請け負い、投資を回収した後に現地政府に施設を譲渡する方式である。似たような方式に、ＢＴＯ（Build Transfer Operate）、ＢＯＯＴ（Build Own Operate Transfer）、ＢＯＯ（Build Own Operate）、ＢＴＬ（Build Transfer Lease）などがある。

ＰＰＰを民間セクターによる公共サービス提供型のスキームであるとすれば、ＰＦＩは政府による民間セクターのサービス購入型であるといえる。

		原資	
		税金	利用料金
事業者	公共	政府	第三セクター
	民間	PFI	PPP

PFI (Private Finance Initiatives)
PPP (Public Private Partnership)

この方式では、施設の設計から運営まで民間により行なわれるが、政府はサービスを購入する対価としての費用を後になって支払うことになる。つまり、民間による投資に対して、費用を償還するのがPFIである。

また、PPPではサービスの利用料を民間事業者が利用者から直接受け取るが、PFIでは施設利用料は政府機関によって集められ、それを後でPFIサービスの費用として政府が民間事業者に償還するのが一般的である。したがって、原資の最終的な出どころは政府である。

PPPは民間セクターと公共セクターの連携による事業形態であるが、営利の民間と非営利の公共の組み合わせから、費用便益的な矛盾が生じる。特に、インフラのような大規模な投資を行う民間事業者にとっては、収益性や事業リスクの点で事業の採

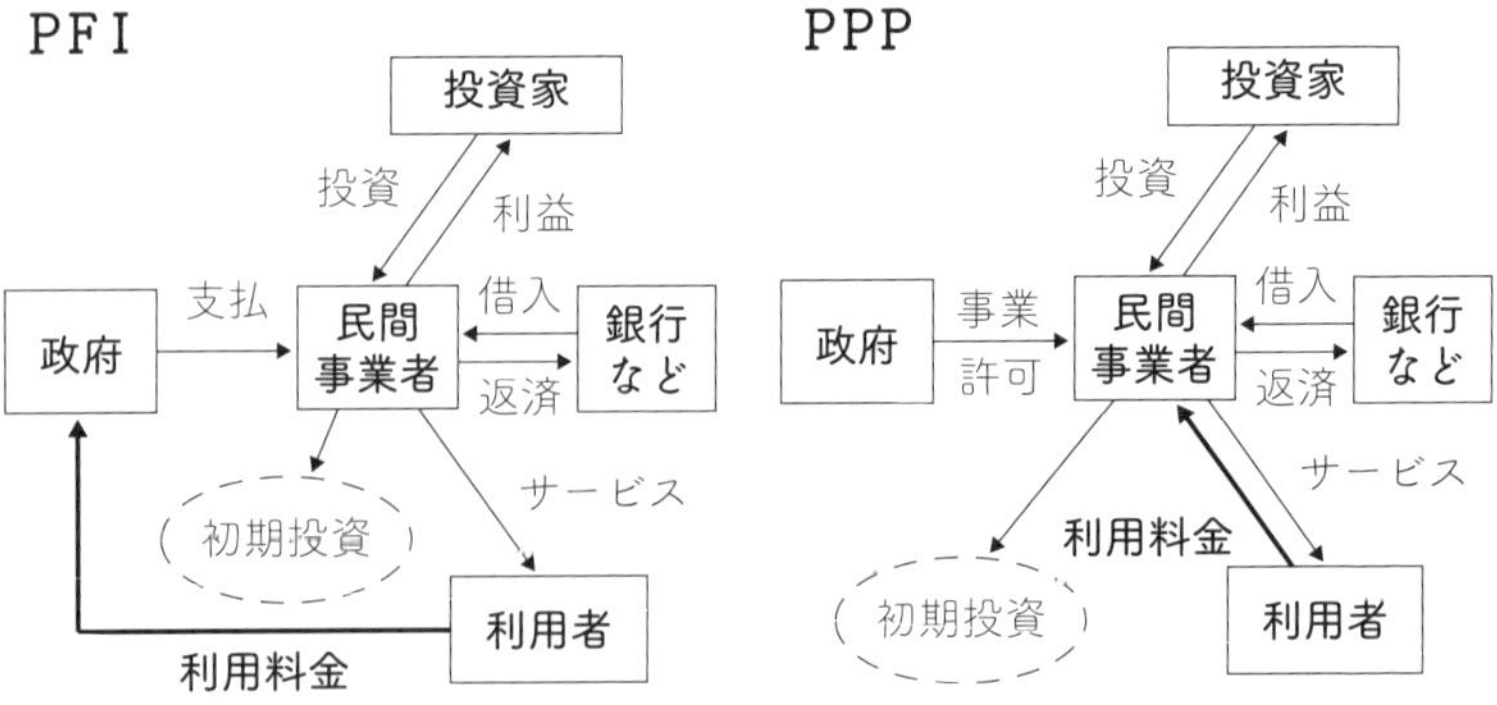

算性が問題になり、政府と事業者の間のリスク分担や利用料金の設定などは、ＰＰＰが成立するための大きな争点になるのが普通である。

下の図にあるように、仮に、政府が事業リスクを全く負担する必要がなければ、政府は社会便益だけを享受できることになる。公共事業の社会便益は、直接の事業収入などとは比較にならないほど大きい。たとえば、学校を１つ建てることを考えてみても、教育水準が向上することによる社会への還元は計り知れない。

一方、民間の立場から事業の費用便益を考えると、リスクを受け入れても便益がそのコストよりも大きければ、政府と民間の双方にとってWin-Winの関係になり、ＰＰＰ事業は成立する。

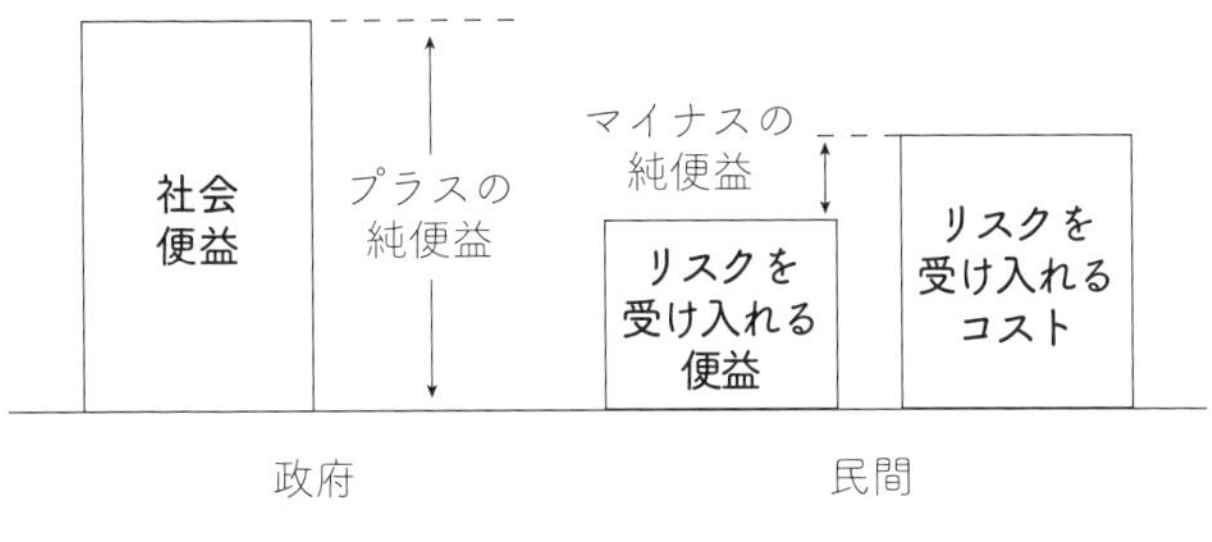

しかしながら、そのようなことは稀であり、通常は、民間が膨大なリスクを負担する状況のほうが普通である。この場合、民間の純便益はマイナスになり、ＰＰＰ事業は成立しなくなる。

そこで、民間側は、政府にリスクの一部を負担してもらうような交渉を行うことになる。事業に含まれるリスクには、事業の収益性に影響を及ぼすような技術的なリスクだけでなく、民間が対処できないような法的なリスクなども含まれる。

このような、政府のほうがリスク対処の能力が高いものについては、政府がリスクを引き受けるほうが効率的であり、理にかなっている。

リスクマネジメントの原則の1つは、リスクをよりよく管理できる主体がリスクを受け持つことであり、これにより効果的なリスク分担が可能になる。一方、政府としてはリスクの一部を引き受ける対価として、事業収入の一部を民間と共有することも可能である。

民間からのリスクの移転や収入の共有を行うと、図に示すように政府と民間の費用便益構造が変わる。そして、政府と民間の純便益がともにプラスになることがＰＰＰ成立のための条件である。

さらに、ＰＰＰが成立するためには、もう１つの条件が必要である、それは、事業を政府が行うよりも民間が行ったほうが効率的であるという状況である。民間のほうが効率的であるとき、「**ＶｆＭ（Value for Money）**」があるという。

したがって、ＰＰＰが成立する必要条件は、まずは政府と民間のリスク分担により、双方がWin-Winの関係になること。そして、政府にとって、ＶｆＭがあることの２つである。

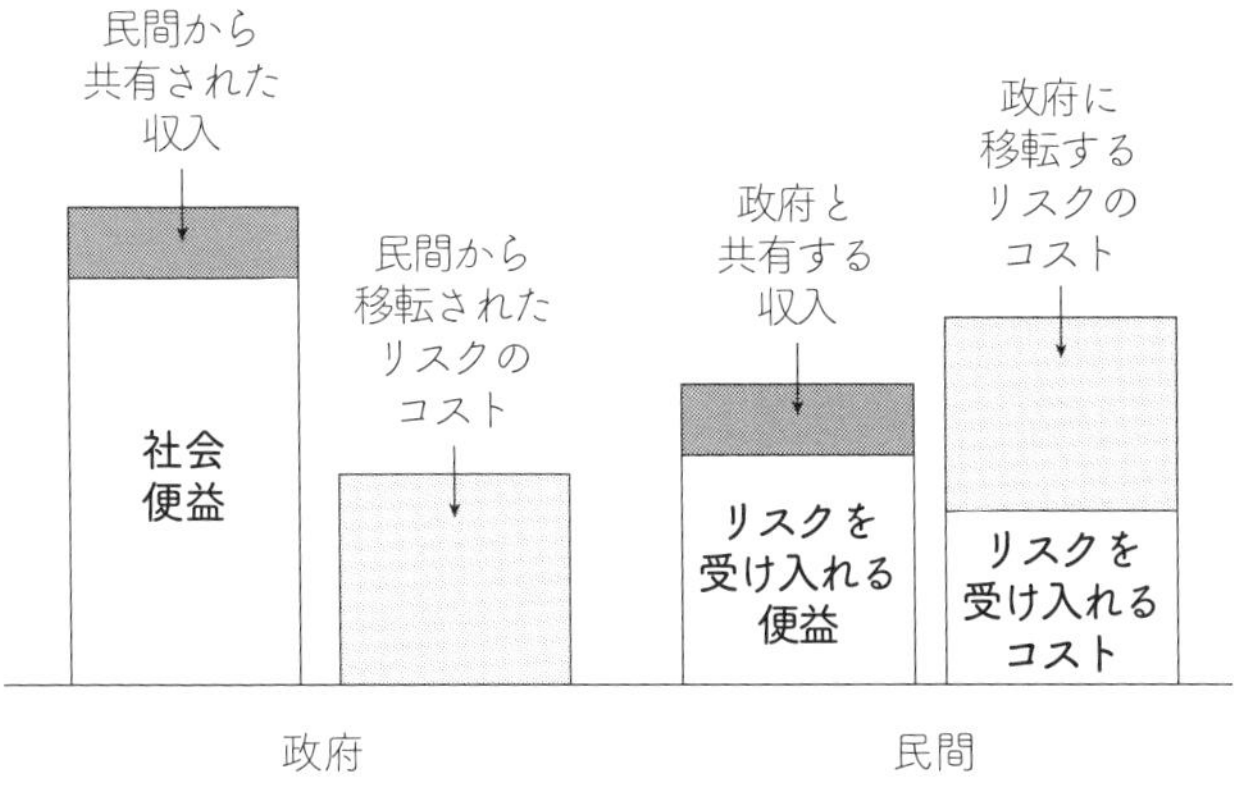

90 契約オプション

ＰＦＩやＰＰＰのように、政府と民間がパートナーとして事業を実施する場合、リスクに対し、民間と政府の契約に基づく政府補助が適用される場合がある。インフラ事業では、発注者としての政府が、政府補助という契約オプションを持っている。

たとえば、道路やエネルギー施設などのＰＰＰ事業では、サービスに対する需要が事業者にとっての潜在的なリスクとなる。この場合、事業者は、最低需要保証のような政府補助を契約に組み込むことにより、需要リスクに対する政府からの保険を得ることが可能になる。図は、いくつかの政府補助を、事業者のキャッシュフローに及ぼす観点からまとめたものである。

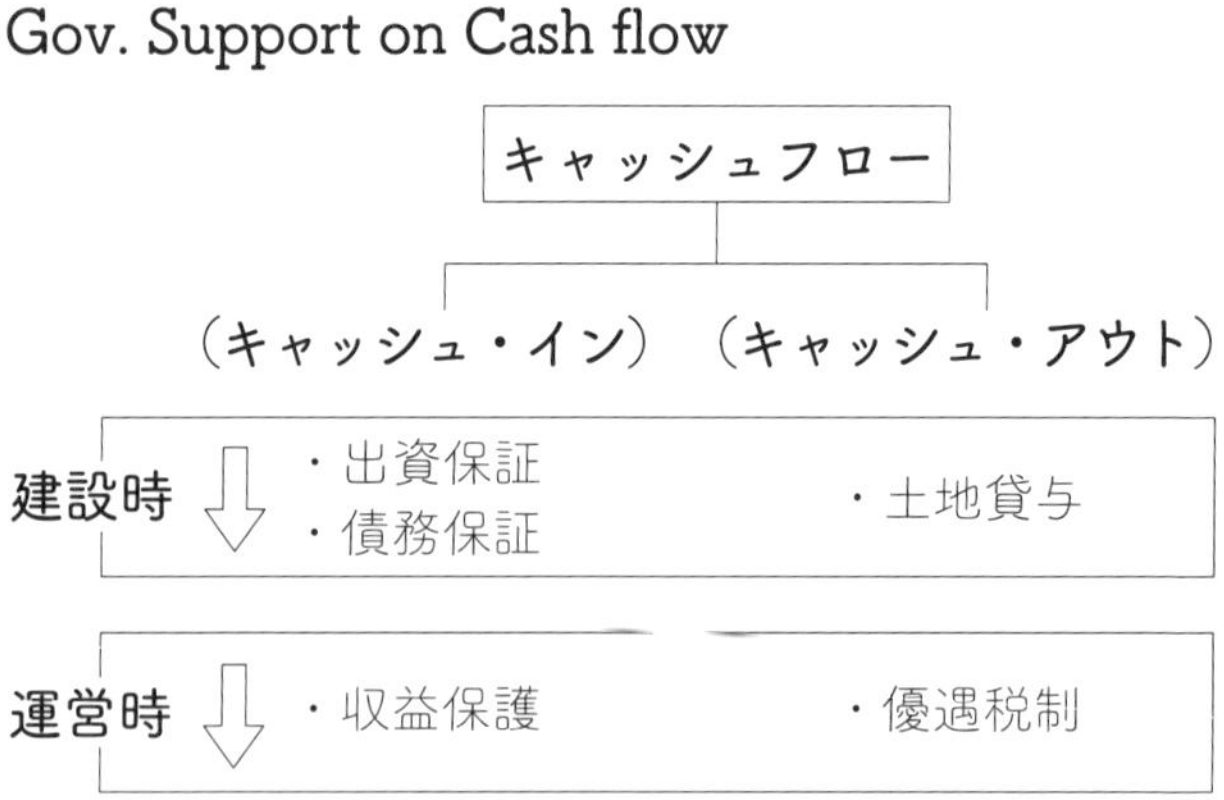

Cho,H.C.(1999), Study on Concession Models for Private Sector Involvement in Asian Infrastructure Development より引用。筆者加筆。

政府補助の中には、単純なコールやプットに分解できるものがある。ここでは、「収益保護」の1つ、「最低収入保証」を例に、そのメカニズムを考えてみよう。

民間事業者にとっては、施設の利用料金収入は、需要と利用料金によって決まる。利用料金は一定であるが、需要は不確実であり変動する。そして、事業収入の不確実要因としての需要がある値を下回った場合にのみ、政府がサポートを行うスキームが「最低収入保証」である。

最低収入保証オプションが適用される場合の事業者の収益は図の（A）で表される。そこでは、需要がオプションを行使できる閾値（行使価格）を下回ると事業者の収益がマイナスにならないように保護される。

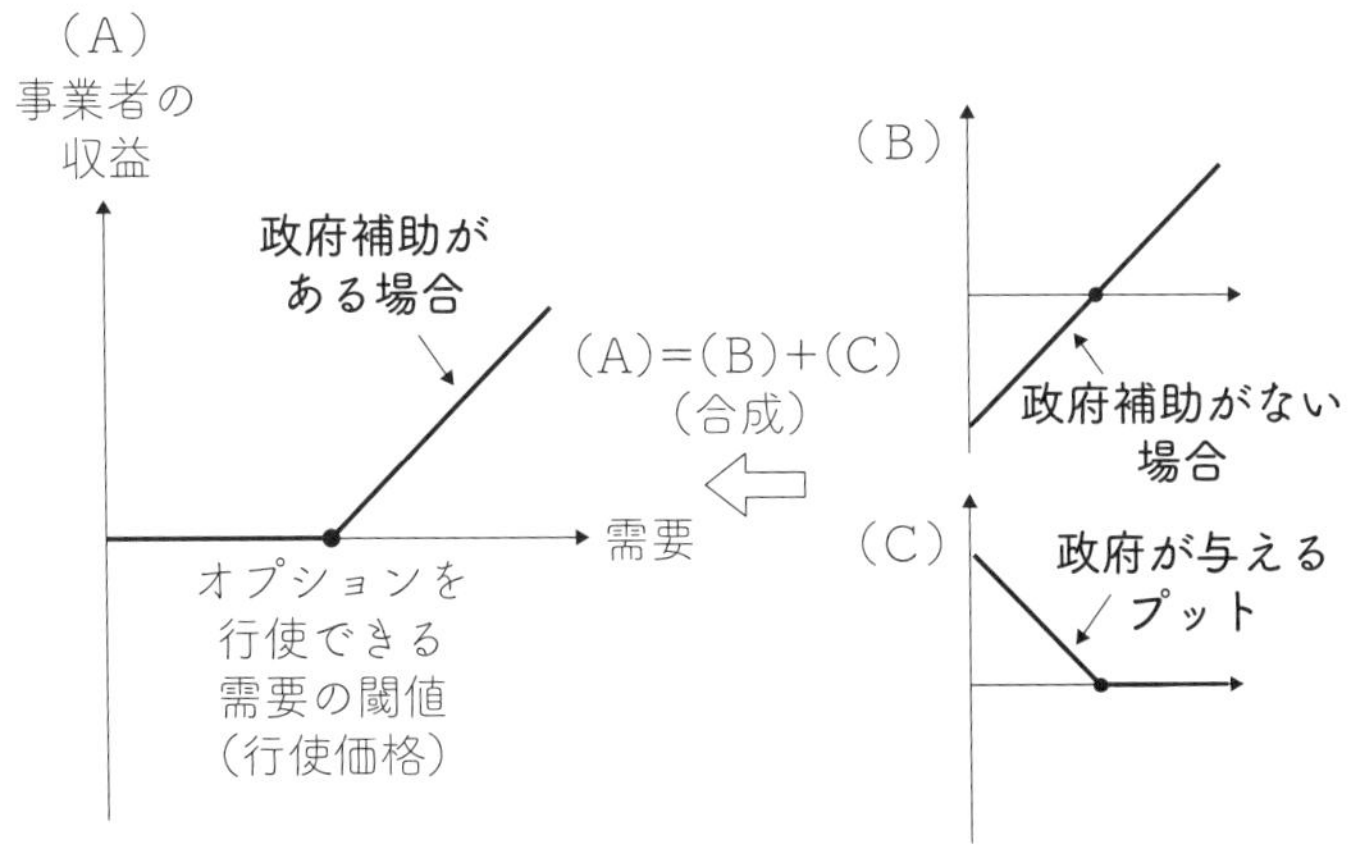

一方、(A)は、(B)と(C)を合成したものである。

まず、(B)は、政府補助がない場合の事業者の収益であり、需要がある値を下回ると、収益はマイナスになる。

(C)は、需要がオプションの行使価格を下回った場合に政府が事業者に与えるオプションであるが、これはプットの形をしている。つまり、このプットは、政府が持っており、行使価格としての需要を境に事業者に与えられる権利となる。

最低収入保証は、政府補助がない場合の事業者のキャッシュフローを原資産とするプットオプションと見なすことができる。そして、ある年に政府補助を受けたとしても、次の年の民間企業の収入が増減するわけではない。つまり、事業期間中の政府補助は独立であり、期間中に何回補助を受けたとしても相互作用しない。

したがって、事業全体の政府補助によるNPVは、毎年のオプション価値の総和として求めることが可能である。

公共性の高い施設では、逆に需要が予想を上回るような場合に、利用料金に上限を設けるような措置がとられる場合がある。このようなオプションを組み入れると、事業者の収益は図のようになる。

下の図では、需要がKを下回る場合は最低収入保証と同じ構造であるが、需要がXを上回る場合、収入上限制が組み入れられている。

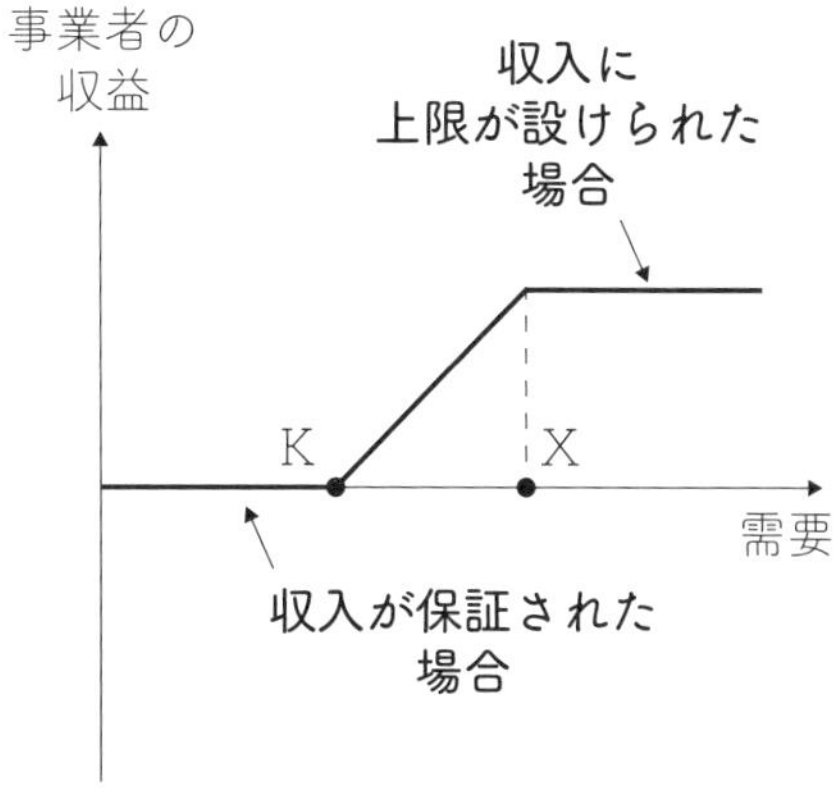

91

運営オプション

次に、政府補助のうち、運営オプションとして、やはり収益保護の1つである「運営期間延長」と「リース料支払い延期」をオプションの例として考えてみよう。

(1) 運営期間延長オプション

運営期間延長オプションは、民間事業者が政府との間でコンセッション契約を締結して施設を建設し、施設の管理運営を行う。そして、施設の利用料で資金回収を行い、契約満了時に施設を政府に移管する。しかしながら、事業の業績が良くない場合、契約満了時に政府は運営期間の延長を認める。これが、運営期間延長オプションである。

たとえば、ある事例では「**内部収益率**（**IRR**）」を指標にして、契約終了時の税引き後IRRが16％以下なら移管、そうでなければ3年間の事業延長が最大9年まで認められ、その後は、IRRに関係なく施設が移管された。

民間事業者にとっては、このオプションがあることで、将来の収入の下方リスクをヘッジすることが可能になるため、プロジェクトの価値が向上する。

一方、政府側にとっては、ＶｆＭ（Value for Money 232ページ）に影響が出ることが考えられるが、施設の移管の時期が延期されてもＶｆＭがあるならば、このオプションは好ましい。逆に、期間の延長によりＶｆＭが悪化することになれば、このオプションは政府にとって好ましいものではなくなる。

運営期間延長のように過去の内部収益率（ＩＲＲ）のような指標に基づいて行使で切るオプションは、依存型のオプションであり、割引率などに関してより精緻な考慮が必要であり、その分析も複雑となる。

(2) リース料支払い延期オプション

施設の建設では、用地などが政府から民間事業者にリースされる場合がある。したがって、事業者は毎年一定のリース料を支払うことになるが、このリース料を税引き後ＩＲＲが所定の値（たとえば12％）以上になるまで、無金利でリース期間を延長するオプションがある。

このオプションでも、運営期間の延長と同様に、事業者は下方リスクをヘッジすることができ、事業価値の向上が期待できる。ただし、政府側にとっては、収入となるリース料が延期されることにより、時間価値の損失分だけＶｆＭは悪化する。

コストマネジメント

92

マネジメントとは

事業（プロジェクト）は、「複数の組織や人々が連携して、予算と時間の制約のもとに行う、個別作業の集合体」と定義できる。事業の種類には、投資事業、契約事業、運営事業、研究開発事業、およびこれらの組み合わせがある。このとき、「知識や能力、ＩＴなどのツールや情報、社会のシステム、人や組織、資産などを集結して成果を高めること」をマネジメントという。

事業マネジメントは、プロジェクトのマーケティング、事前評価／管理、人と組織の管理・統制や交渉・指示などを行うことである。マーケティングは、顧客の要求を満たす活動であり、事前評価では作業内容の洗い出し、工程計画、コストの算定を行い、費用と便益の比較により、事業が魅力的であるかどうかを判断する。事業管理とは、実際の状況をモニタリングする意味である。そこでは、実際のプロジェクトの進捗を主にコストの観点から検証する。

人について

人のタイプには2種類ある（D・マグレガー）。

理論X：権限やすべての決定権の保持に興味がある権威主義者。このタイプは、一方では、生来の怠けもの、無責任／無反応、仕事嫌いであり、強制や命令によりはじめて行動する人たちでもある。

理論Y：自己管理に優れており、野心的、勤勉、創造的な人たち。チャレンジする責任を受け入れて行動できるチャレンジャー。

この理論は、人と組織のマネジメントについての示唆を与えている。たとえば、人と組織の目的がうまく調和されれば、人々は理論Yにしたがって行動する。一方、人々の不満が高まれば、理論Xが優勢となる。人々の最低水準の欲求が満たされていれば、理論Yを前提としたようなマネジメントが有効であると仮定できる。

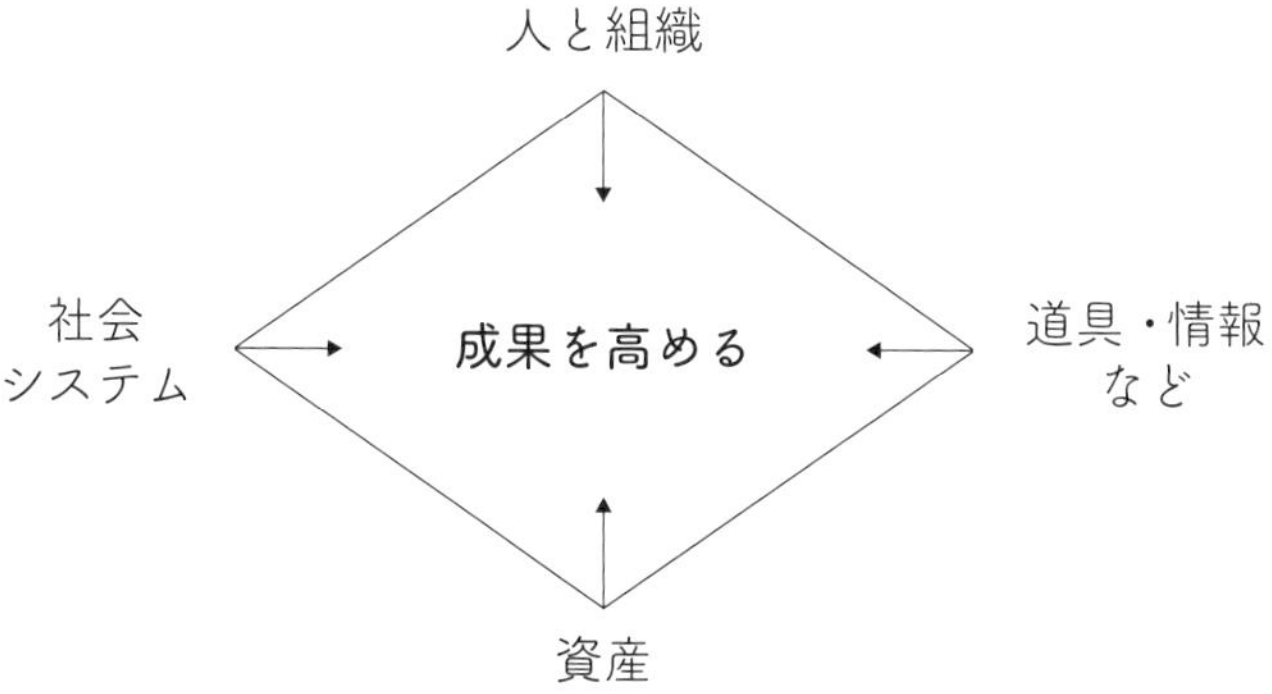

組織について

人の目的は組織のそれとは異なる。個人と組織の価値も違う。変革重視の人もいれば役割重視の人もいる。顧客と組織のニーズも違う。

組織には、いろいろな形態がある。たとえば、地域別、事業部別、プロジェクト別、あるいは職能（ファンクション）別の組織形態がある。一般的には、人々は複数の部門に所属し、プロジェクトを遂行する。その場合、興味のあることの一つに、ボス（リーダー）の存在がある。

プロジェクト部門と研究開発部門に関わり合いながら仕事をすると、その人には2人のボスがいることになる。その場合、2人のボスの考え方や目的が違えば、大変な苦労を味わうだろう。そのようなときに、専門職としてのプロジェクトマネジャーを配置し、責任者とすれば、調整はうまくいくと考えられる。マネジャーとは、成果を出す、そして高めることに責任のある専門職である。

このマネジメント手法は、複雑な大規模プロジェクト、たとえばインフラ事業などで用いられることが多い。

93 ワークブレークダウン

ワークブレークダウン（Work Breakdown Structure：WBS）は、複雑なプロジェクトが階層的に分解された作業構造である。そうすることにより、プロジェクトに必要なすべての作業を把握することができる。WBSは、スケジュールやコストの計画・管理に有効である。

WBSによる作業の分解により、コストの分解もできる。図にあるような孫作業のコストを計算し、それを子作業、親作業へと積み上げて合算すればプロジェクト全体のコストを求めることができる。

また、コストやスケジュールの管理において何か不都合があるときに、どの要素に問題があるの

WBS

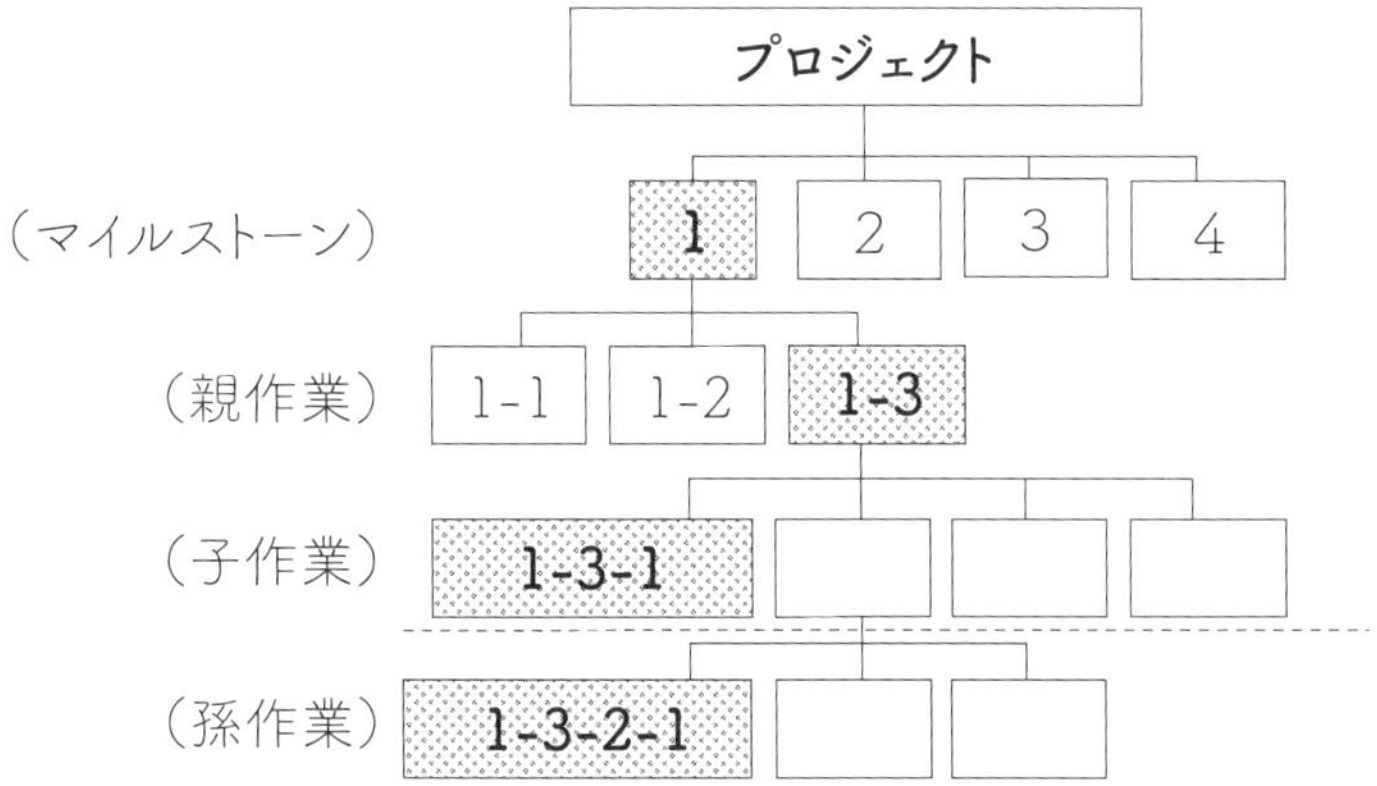

かを特定することが容易になる。さらに、作業ごとの責任の範囲を担当者に割り当てることも容易になる。そのインターフェイスを担うのがマネジャーである。

コストの見積もり

コストの見積もり（積算）は、大きく4種類ある。試算見積もり、概算見積もり、詳細見積もり、そして入札見積もりである。

試算見積もりとは、事業のコンセプト段階で、コストのおおよその値を求めるもの。概算見積もりは、基本設計ができた段階の見積もりであり、コンセプトがより具体化された段階で計算する。詳細見積もりはすべての作業を拾い上げ、プロジェクト全体のコストを正確に見積もる。

入札見積もりは、入札でプロジェクトを受注するための戦略的な見積もりである。したがって、詳細見積もりよりも低い値になることもある。

WBSを用いて、スケジュールを親作業から孫作業へとブレークダウンしていけば、次の手順で、詳細な工程表（フローチャート）が作れる。

① 各作業の順番をフローチャートにする。
② 各作業の所要時間を推定する。
③ クリティカルパスを求める。
④ フロートを計算する。

フロートには2種類ある。フリーフロートは、ある作業をもっとも遅い時間に開始しても後続作業をもっとも早い開始時間で始められる余裕。トータルフロートは、ある作業をもっとも遅い時間に開始しても後続作業をもっとも遅い開始時間までには終えることのできる余裕をいう。フロートを求めることにより、優先する作業や先送り可能な作業を把握できる。

図で言えば、クリティカルパスはA↓B↓C。Aが終わってからDを始めるとすれば、Dのフリーフロートは2日、トータルフロートは7日である。

フロート

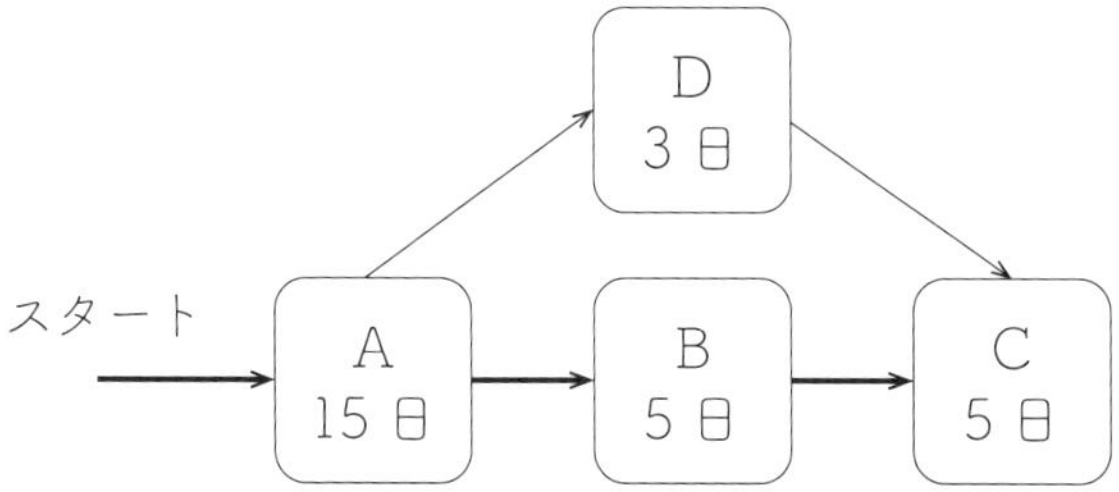

A→Bの経路は20日、A→Dは18日かかる。
Dには、Cを最も早く始めるのに2日、Cが終わるまでに終えればいいのであれば7日の余裕がある。

94

キャッシュフロー

WBSによるそれぞれの作業の順番とコストを使えば、キャッシュフローが得られる。キャッシュフローとは、ある期間の資金流入と資金流出の流れをいう。流入する現金を「キャッシュ・イン」、流出する現金を「キャッシュ・アウト」と呼ぶ。キャッシュフローは、収入と支出の差である。

直接費：生産やサービスに直接関わる費用。たとえば、材料費、生産活動に従事する人たちの人件費など。直接費の中には、生産活動に応じて変動する変動費と、それらに無関係な固定費がある。

間接費：直接の生産活動には関係ない費用。たとえば、事務員の人件費、管理費、賃料、光熱費など。

減価償却費：資産の取得に要した資金が、一定の方法によって必要経費として配分されたものをいう。減価償却できるのは、機械装置、器具・備品といった時間の経過とともに価値が減少する資産である。これらは、減価償却資産と呼ばれる。減価償却費を経費として計上することにより、法人税の対象となる利益を少なめに抑えることができるため、節約につながる。

純利益：純利益は、すべての収入から支出を差し引いた利益である。純利益から税金を差し引いた値が、税引後純利益となる。

営業キャッシュフロー：本業から生じた現金収支。商品の仕入れや、売り上げによる収入であり、支払った経費などの資金の出入りのことだ。企業の現金収支には、他に、投資活動によるキャッシュフロー、財務活動によるキャッシュフローがある。

フリーキャッシュフロー：企業が事業で稼いだ収益のうち、自由に使える現金を表す。営業キャッシュフローから投資のキャッシュフローを差し引いた値をいう。一般的には、フリーキャッシュフローが大きければ、経営状態も良いと判断される。

キャッシュフロー＝収入－支出

（キャッシュ・イン）
① **年間売上金**
② **資本金**
③ **借入金**
④ **資金流入計**
＝①+②+③

（キャッシュ・アウト）
⑤ **直接費**
変動費
固定費
⑥ **間接費**
⑦ **設備投資費**
⑧ **減価償却費**
⑨ **金利**
⑩ **返済金**
⑪ **年間費用計** ＝⑤+⑥+⑦+⑧+⑨+⑩
⑫ **年間純利益** ＝④-⑪
⑬ **税金**
⑭ **税引後純利益** ＝⑫-⑬

営業キャッシュフロー
＝⑭+⑧
＝④-(⑤+⑥+⑦+⑨+⑩)-⑬

フリーキャッシュフロー(FCF)
＝営業キャッシュフロー － 新規投資
(＝配分されるキャッシュフロー)

95

割引の原理

図のような選択を考えてみよう。もしAを選べば確実に5だけの価値が得られる。しかし、Bを選べば、50％の確率で20得るか、10失う。

①もしAを選ぶのなら、それはBにはリスクがあるからだ。Aを選べば、Bの価値はAより小さいことになる。

②Bの期待値はAと同じく5である。もし期待値を使うのなら、AでもBでも同じはずだ。だから、どちらかを選ぶとき、期待値は使われていないことになる。

では、Bの価値はいくらになるか。それは5より

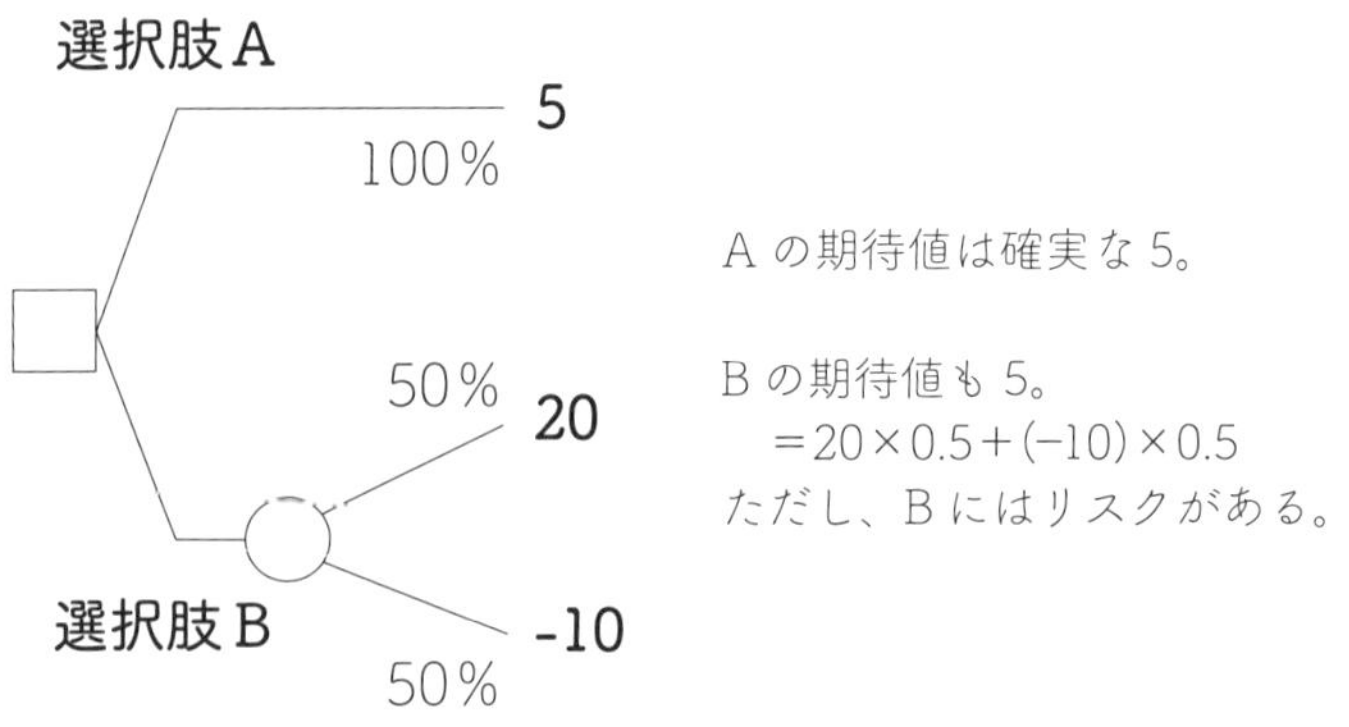

Aの期待値は確実な5。
Bの期待値も5。
＝20×0.5＋(−10)×0.5
ただし、Bにはリスクがある。

小さいのだから、たとえば4（＝5－1）としよう。このマイナス1は何か。これはリスキーな選択を行うときに、リスクを避けるためにあきらめる額であり、「リスクプレミアム」と呼ばれる。

一方、Aはリスクのある選択の価値を確実な値に換算した値であり、「**確実性等価**」という。

期待値と確実性等価、リスクプレミアムの間には、以下の関係が成り立つ。**リスクのある選択肢の期待値は割り引く。そうでないと、比較ができない。**これは重要な考え方なので記憶しておいてほしい。

確実性等価＝期待値－リスクプレミアム

原則としては、リスクが大きければ大きいほど、リスクプレミアムも大きくなる。その関係はどんな

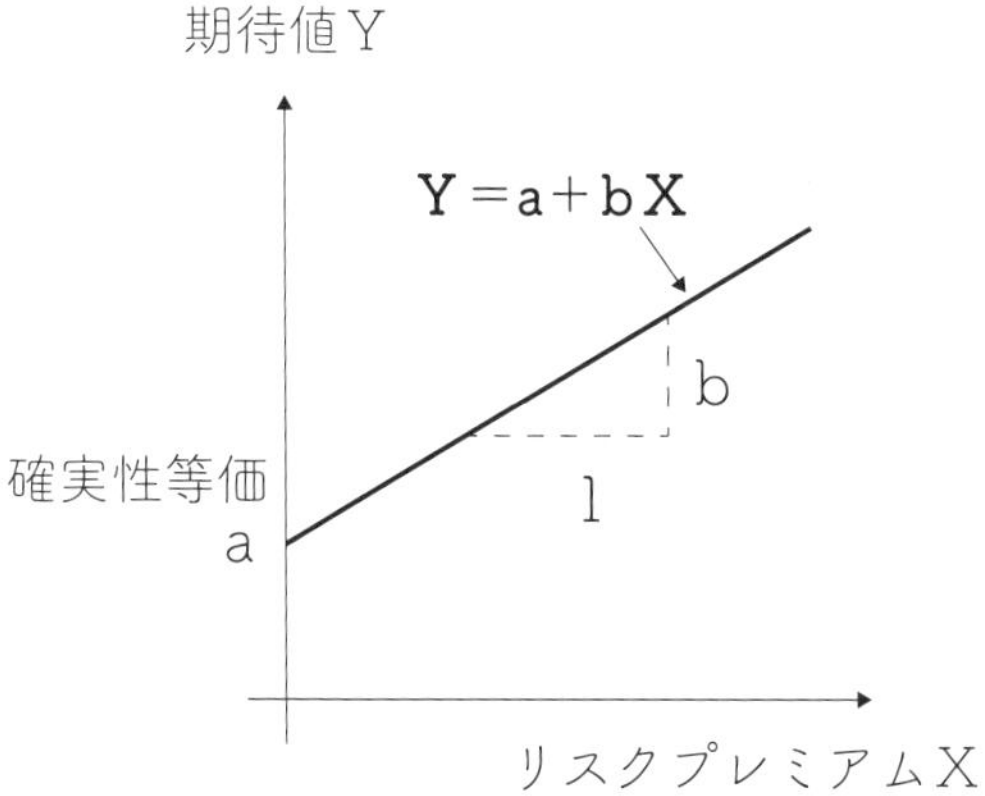

関数になるかはわからないが、仮にY＝a＋bXとすれば、リスクプレミアムと期待値の関係は図のようになる。Yは期待値、aは確実性等価、Xはリスクプレミアムである。そして、これがよく知られる「ハイリスク・ハイリターン」の構造だ。

bはリスクが大きくなるにつれてプレミアムが増加する度合い、つまり、リスクプレミアム1単位の増分に対する期待値の増分を表す。

96 費用と便益

投資事業がもたらす市場価値は、その便益と費用の比較によって計測されるのが一般的である。インフラ事業を例にすると、便益サイドには、事業収益と社会経済便益が含まれる。事業収益は、サービス提供により得られる現金収入である。社会経済便益は、現金収入以外の要素である。

一方、費用サイドには、初期投資と施設の維持管理費がある。

すべての便益から費用を差し引くと、期待便益が得られる。しかし期待便益は不確実であり、リスクによる価値の減損を考慮する必要がある。したがって、費用便益に用いられる費用と便益は割り引いた値を使う必要がある。

期待便益からリスクを差し引いたものが純便益であり、それが正であれば、事業に投資する価値が見出せるという判断を行うのが、「**費用便益分析**（**Cost Benefit Analysis：CBA**）」の原理である。

ＣＢＡを実践的な面から見れば、便益や費用に考慮される指標は、市場を通じた取引により金銭換算されることになる。

しかし、市場には、金融のように財やサービスの価格に関する情報が共有できるものから、インフラや不動産などの実物資産のように情報の完全度が低いものがある。したがって、実物資産の費用便益を計算することは、それほど容易ではない。

事業の価値評価に費用便益を用いる場合、その費用や便益が誰のものであるかを考える。企業などの個人のものか、社会全体に対する費用と便益であるかの区別である。そうすると、たとえば、事業収入が少なく社会経済便益が大きいような事業は、政府による投資が行われるだろう。多くのインフラ投資は、その典型である。

一方、事業収益がコストを上回れば、民間投資として実施できる。民間投資の場合は、事業収益そのものがコストより大きくなければ、事業の実効性はない。

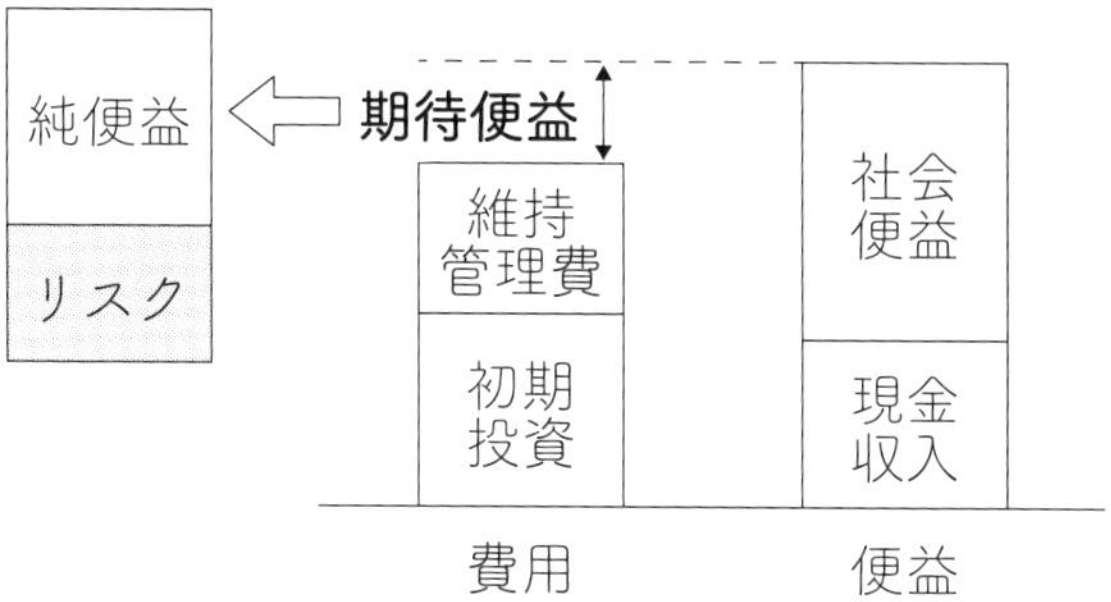
純便益
リスク
期待便益
維持管理費
初期投資
社会便益
現金収入
費用
便益

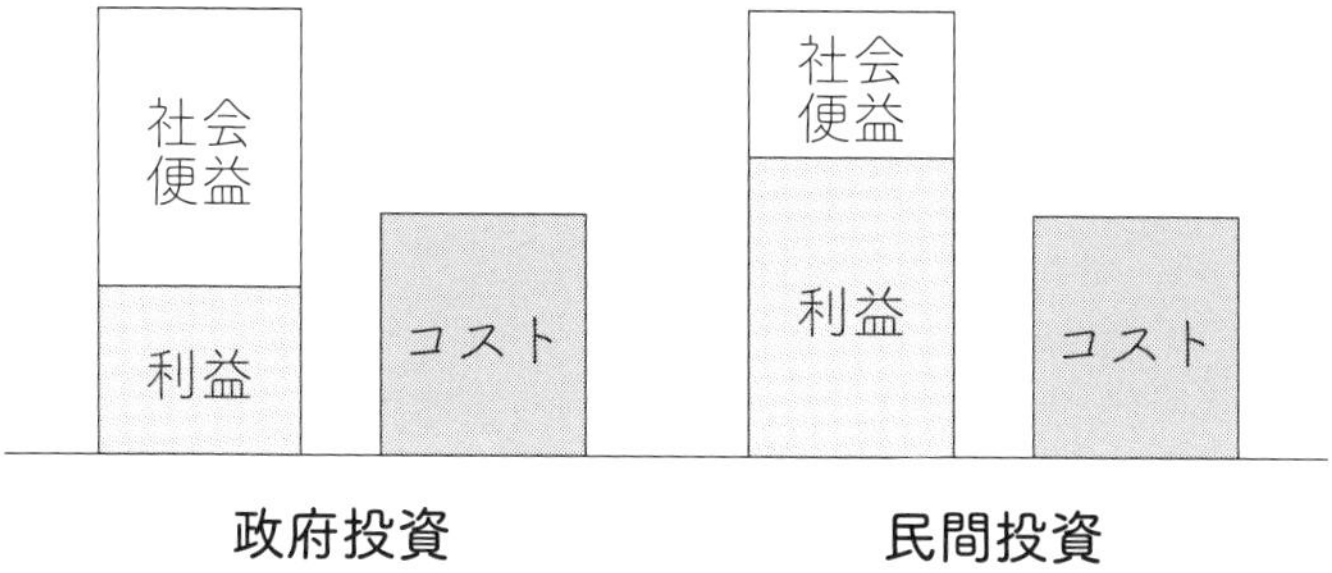
社会便益
利益
コスト
社会便益
利益
コスト
政府投資
民間投資

97

コストとVｆM

費用便益分析におけるコストの算定は、事業の直接費と間接費を積算して合計した値として計算される。直接費や間接費は、変動費と固定費に分類できる。

変動費とは、生産や販売量などに比例して増減する費用であり、直接費のほとんどは変動費である。固定費とは、生産や販売に連動しない一定の費用であり、間接費の多くは固定費である。

コストは、また、リスクの観点から、期待値としてのコストと予備費（Contingency）に分けて考えることもできる。事業にリスクがある場合、その影響によりコストは増減する可能性があるが、期待値と

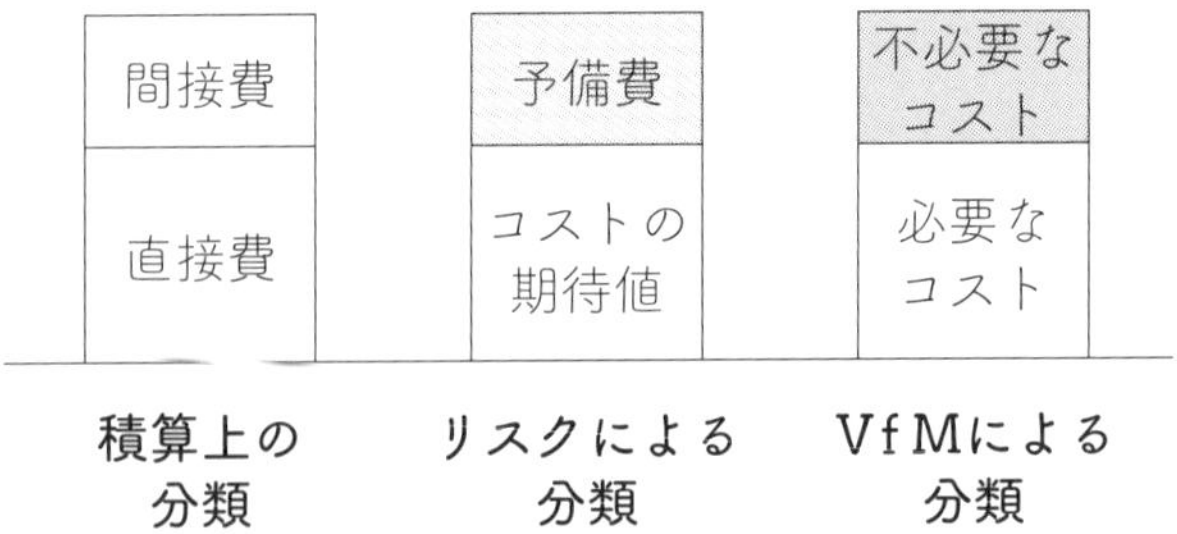

してのコストは、最大と最小の中間にある、もっともらしい値と考えられる。

一方、予備費は、想定しないようなリスクが発現したような事態に備えた準備金を意味する。

コストは、また、必要なコストと不必要なコストにも分類できる。図は、刑務所の食堂の設計平面図の例であり、要求される要件を８００㎡の面積としよう。すると、この設計にはいくつかの不必要なコストが見つかる。

まず、刑務所の床に大理石は必要ない。次に凹凸のあるような建物でなくて、四角形の形状でもよい。

そして、もう１つは、出入り口は１つでよい。なぜなら、出入り口を２つにすると、建築費がかさむだけでなく、警備員を複数配置する必要がり、運営コストが上がるからである。

（刑務所の食堂）

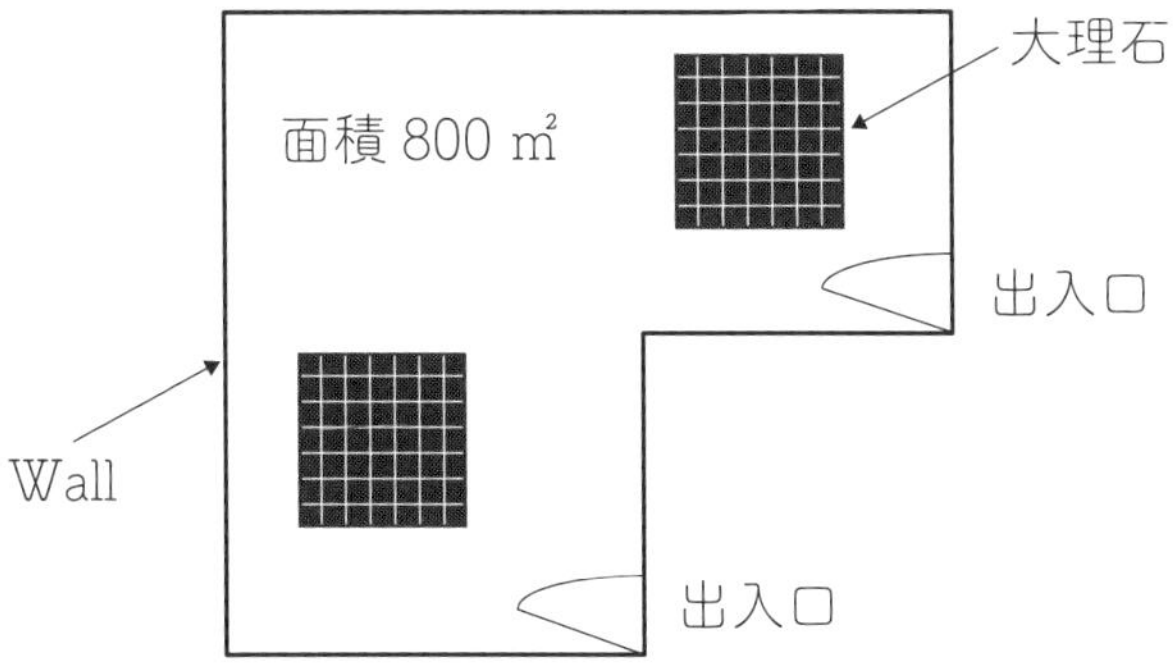

結果として、これら3つの要素に関わるコストは不必要である。

このように、不必要なものにコストを使わず、費用対効果を上げるような考え方を「**バリューマネジメント**（**Value Management：VM**）」という。ＶＭの核心は必要なもののコストを明らかにすることにあるが、その結果として、不必要なコストが除かれた施設や製品は、支払いに対して価値が高い、すなわち、前述のＶｆＭ（Value for Money）があるとされる。

ＶｆＭの概念は、事業形態の選定にも用いられる。たとえば、あるインフラ事業を民活型で行うことが可能かについて、政府はＶｆＭを考慮する。図のＬＣＣ（Life Cycle Cost）は、事業を民間事業者に任せた場合の事業期間を通じたコストであり、ＰＳＣ（Public Sector Comparator）は、公共自らが事業を実施した場合のコストである。

ここで、ＬＣＣとＰＳＣを比較し、

VfM ＝ PSC － LCC ＞ 0

である、つまり民間に任せるコストのほうが小さいとき、この事業にはVfMがあるという。このVfMは、政府にとっての総事業費の削減額を表すからだ。

VfMがあれば、その事業は政府が行わずに民間に任せる理由の1つになる。

しかしながら、実際には、もう1つの条件が必要である。

リスクのあるインフラ事業などでは、民間から政府へのリスクの移転が行われるのが通常であり、これを考慮すると、LCCもPSCも変化する。したがって、政府と民間がリスク分担に合意した後でVfMを算定し、判断するのが一般的である。

98

収益率

収益率（Rate of Return：リターン）は、投資額に対する利益あるいは損失の割合であり、次の式によって定義される。

リターン＝（回収額－投資額）／投資額　（％）

1年を単位とすると、年間収益率が計算できる。たとえば、株式に100円投資して、110円回収すれば、年間のリターンは10％である。

リターンといっても、過去の（ヒストリカルな）リターンと、将来のリターンがある。将来のリターンを「期待収益率」と呼ぶ。期待収益率はわからないが、通常はヒストリカルなリターンを参考にして推測する。

期待収益率には、確実なものとそうでないものがある。預金金利には原則としてリスクがない。株式のリターンは不確実であり、リスキーだ。ハイリスク・ハイリターンの原則にしたがえば、株のリターンが預金金利より大きくなるのは明らかだろう。

99 NPVの考え方

将来のキャッシュフローを時間軸に沿って描き表すと、図のようになる。一般に支出は連続するが、収入はときたましか入ってこない。そして、プロジェクト終了時に残る収入と支出の差が、最終的な利益になる。

終了時点までの収入と支出を、たとえば1年を単位として表すと、下のような時間tにおけるキャッシュフローで表すことができる。

このとき、時間の異なるキャッシュフローを単純に比べることはできない。なぜならば、金銭は、時間によって価値が変わるからである。今日の100円は明日の100円とは異なる。たとえば、銀行に預ければ利子がつく。

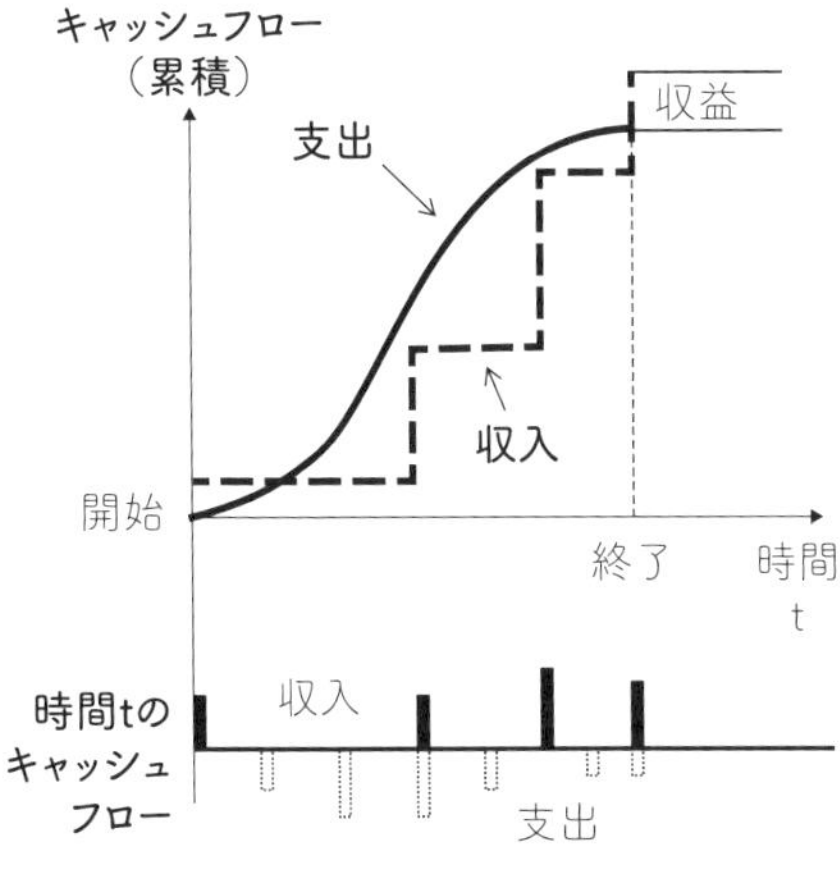

$$NPV = -C_0 + \Sigma \frac{FCF_t}{(1+r_t)^t}$$

NPV：純現在価値

PV：$\Sigma \frac{FCF_t}{(1+r_t)^t}$

C_0：初期投資

FCF_t：フリーキャッシュフロー

r_t：期待収益率

$\frac{1}{(1+r_t)^t}$：割引係数

将来のキャッシュフローを現在に割り引いて足し合わせをする。その値を「**現在価値**（**Present Value**）」という。これに初期投資をマイナスとして加えたものを「**純現在価値**（**Net Present Value：NPV**）」と呼ぶ。

時間の異なる金銭を比較するために、次のように考える。たとえば、今１００万円預金して確実に利子１％が得られるとしたら、１年後には１０１万円になる。だから、今の１００万円は1年後の１０１万円と同じ、つまり等価ということである。

逆に将来の１００万円は、今の 100/(1+0.01) 万円と等価であり、将来の値を現在の値に換算すると小さくなる。

預金金利のようなリスクのない収益率のことを「**リスクフリーレート**」という。しかし、事業の将来のキャッシュフローにはリスクがないとはかぎら

期待収益率を１％とすると、

今日の 100 万円 ⟶ 明日の 101 万円

$= 100 \times (1 + 0.01)$

↕ **期待収益率**

今日の 99 万円 ⟵ 明日の 100 万円

$= \dfrac{100}{1 + 0.01}$

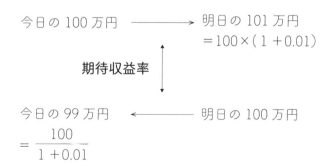

ないので、リスクフリーレートでは事業の価値は求められない。

ここで、次の関係を思い出そう。

期待値＝確実等価＋リスクプレミアム

リスクフリーレートをr_fで表すと、期待収益率rは、以下の関係で表すことができる。rは、また、割引率とも呼ばれる。

$r = r_f$＋リスクプレミアム（％）

NPVの割引率が大きくなれば割引係数は小さくなる。人はリスク回避的なので、リスクのあるキャッシュフローは、リスクのないキャッシュフローより価値が小さくなる。また、時間が長くなればなるほど、割引係数は小さくなる。

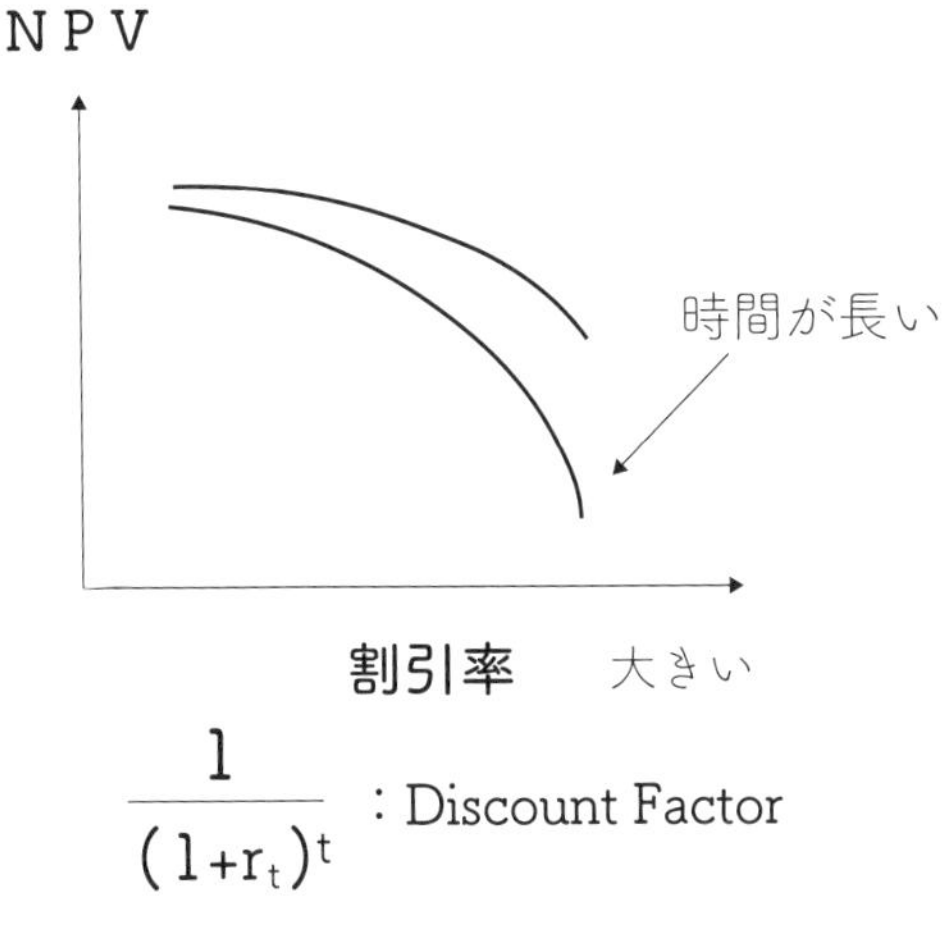

$$\frac{1}{(1+r_t)^t}$$: Discount Factor

したがって、後のほうにあるキャッシュフローの値は小さく計算されることになる。

これは重要だ。なぜならば、たとえばベンチャー企業の場合、事業開始時のキャッシュフローはマイナスとなることが多く、プラスのキャッシュフローは後になって出てくる。このような場合、将来の価値が低く見積もられてしまう。

永久債（Perpetuity）と呼ばれる、償還期限のない債権がある。債権とは、国や企業などの発行体が、投資家から資金を借り入れるために発行する有価証券（記載された権利金額を請求する権利）をいう。債権は、通常は一定期間で支払いが終わるが、永久債では永久に利子率分のキャッシュフローが支払われる。その計算は、NPV式の時間tを無限大にすればいい。すると以下の関係が得られる。Cは、キャッシュフローを表す。

$$PV = C/r$$

たとえば、1万円を利子率1%で永久に受け取る場合の現在価値は100万円となる。

一方、個人年金保険（Annuity）では支払いが一定期間に限定される。個人年金保険には、いくつかのタイプがあるが、今、すぐに受け取りを開始するとすれば、その値は下記の式で計算できる。

$$PV = C/r\,[1 - 1/(1+r)^t]$$

100

EUAW

ＮＰＶルールでは、複数の選択肢の中で最大のＮＰＶがあるものを選ぶことになる。しかし、半永久的ともいえるような長期の異なる寿命を持つインフラなどの選択を行う場合、ＮＰＶよりも「**EUAW（Equivalent Uniform Annual Worth）**」のほうがわかりやすい。ＥＵＡＷとは、本来のＮＰＶ計算を年間平均額に換算した値である。この手法の利点は、異なるライフサイクルを持つ選択肢を比べられる点にある。

ライフサイクルがそれぞれ異なる選択肢の場合、ＮＰＶを計算しても単純には比較できない。それよりも、将来のキャッシュフローのＮＰＶをＥＵＡＷに換算した値を用いれば簡便だ。そして、ＥＵＡＷの大きいほうを選ぶ。ＥＵＡＷは、また、年間額に換算するので、１年あたりの事業キャッシュフローを直感的に把握するのにも便利である。

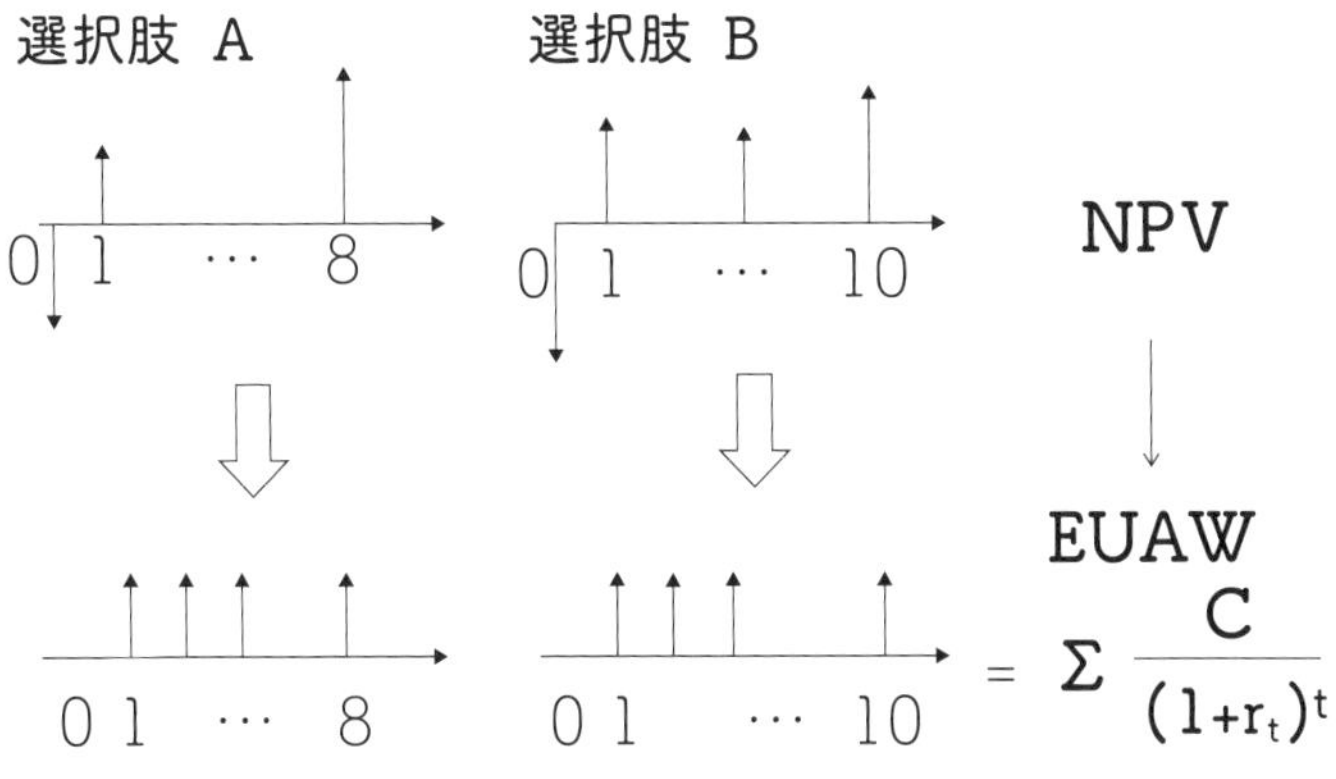
選択肢 A
選択肢 B
0 1 … 8
0 1 … 10
NPV
EUAW
0 1 … 8
0 1 … 10
= Σ C / (1+rt)t

101 コスト管理

事業が始まれば、予算を管理する段階へと進む。プロジェクトの進捗をコストで管理する手法は「**EVM（Earned Value Management）**」と呼ばれる。プロジェクトの進捗を、予算、実際のコスト、**出来高（EV）**で金銭評価する手法である。

なお、繰り返しになるが、ここからはますます専門的になるので、今、必要のない方は、読み飛ばしていただいても、一向にかまわない。ここまでで、なんとなく「リアルオプション」による意思決定の考え方がおわかりいただけていると思うので。

さて、まず、予算を考えてみる。今、2つの事業計画AとBがあり、それぞれの年度別コスト配分は次の図に示されたとおりである。ここでは、Aのみをとり上げて説明する。

プロジェクトAのスケジュールは2年であり、最初の年に40だけのコストが発生すると予想されている。この40という値は、ワークブレークダウンにより細分化された個々の作業の2022年における合計値である。他のコストも同様だ。

一方、Ａの契約金は１００である。プロジェクトＡのコストの支出計画はできているが、そのときのキャッシュフローを求めるための収益の配分は次のように考える。

まず、進捗率を計算する。進捗率は、全体コストに対する年度別のコストとして、たとえばＡの２０２２年の場合、40/70 =57.1% となる。契約金は１００であるから、その年度の期待収入を、40/70 × 100として計算する。ここから、コストの40を引いた１７・１が、２０２２年におけるプロジェクトＡのキャッシュフローである。ただし、このキャッシュフローは、あくまでも事業開始前の期待値である。

では、プロジェクトが開始された後の実際のコストはどのように考えるのだろうか。

プロジェクト	契約	全体コスト	コスト計画 2022	2023	2024
A	100	70	40	30	-
B	100	80	20	40	20

プロジェクト A(2022)：
CF = (40/70 ×100) - 40 = 17.1

1つの方法は、ある時期までにかかった実際のコストを用いることである。しかしながらこの方法には不都合がある。たとえば、インフラなどの工事で、材料を購入したとして、まだ作業が始められていない場合、発注者はそれに見合う支払いはしないだろう。

したがって、別の方法を考える必要が出てくる。そこで考えられたのが、「出来高（Earned Value：EV）」である。

EVを計算するためには、いくつかのデータが必要となる。まず、事業開始前には、事業の総コストだけでなく、ワークブレークダウンにより細分化された個々の作業の計画時の出来高（BCWS）があるはずだ。

次に、事業開始後には、実際にかかっているコスト（ACWP）と作業の進捗率をアップデートして

（事業前の情報）

- PB (Projected Budget) : 事業の総コスト
- BCWS (Budgeted Cost of Work Scheduled) : 計画時の出来高

（事業開始前の情報）

- 進捗率 (%)
- ACWP (Actual Cost of Work Performed): 実コスト

（計算値）

- EV (Earned Value)= 出来高
  別名、BCWP (Budgeted Cost of Work Performed)
  EV(BCWP) = BCWS × 進捗率
- CV (Cost Variance) : コスト差異
  CV = ACWP – EV
- SV (Schedule Variance): スケジュール差異
  SV = BCWP - BCWS

おく必要がある。たとえば、柱を10本立てる作業があり、7本終了しているのなら進捗率は70％、それまでにかかった総費用が実コストである。

EVは、BCWSと進捗率を用いて計算する。

EV＝BCWS×進捗率（％）

たとえば、ある作業のBCWSが100で、その作業の実際の進捗率が70％であれば、EVは70である。

EVは、ある時点において完了している作業の予算コストを表す。つまり、EVは、現時点における成果の実績値を予算の値として表したものだ。作業の進捗率を、時間ではなく、金銭的な値に換算したものである。

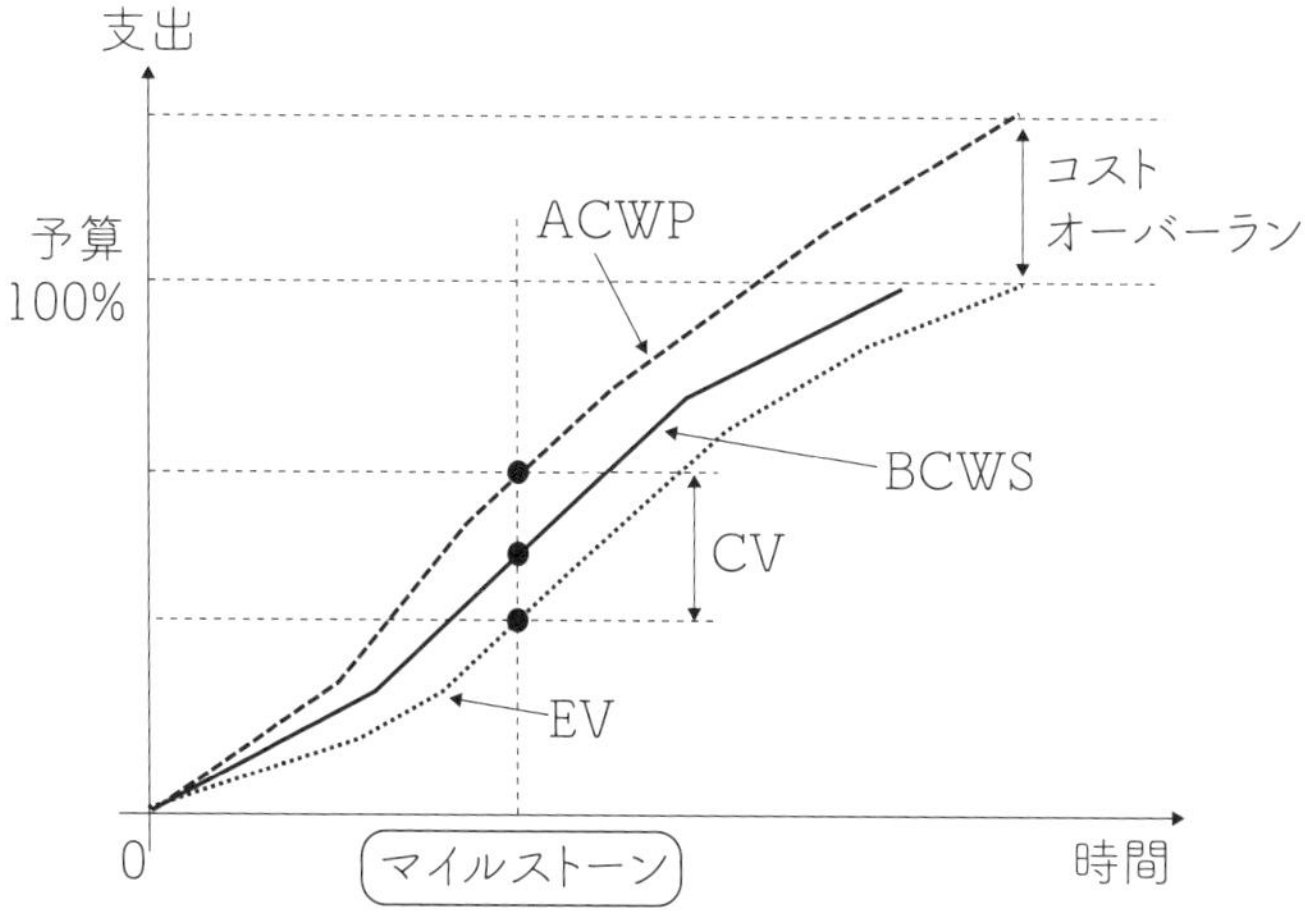

ＥＶを使うと、次のような実績評価ができる。

ある時間が経った時点での進捗を70％と計画すれば、その時点までに70の予算が割り当てられていることになる。しかし、その時点までの実コストが80であれば、このままの状況ではコストオーバーランになり、その作業は赤字化する。前ページの図は、ＡＣＷＰ（実コスト）、ＢＣＷＳ（予算コスト）、ＥＶ（出来高）をグラフで表したものである。ＣＶは、実コストと出来高の差だ。こうした場合、作業工程や人員の見直し、予算の再編成などが必要となる。

そして、再編成して続けた後、また見直す。このように、段階的に意思決定を繰り返していくのである。

以後の詳細はここでは割愛し、次に、いよいよノーベル賞受賞の数式も登場する、投資における意思決定理論に移ろう。ご専門の方へのプレゼントのつもりでもあるが、そうでない方にとっては、かなりむずかしく感じられるかもしれない。

だから、何度も申し上げるように、興味のない方は、ここでとどめていただいてかまわない。そして、いつか、必要になったとき、そういえば、あの本に書いてあったな、と戻ってきていただけたら、うれしい。

分析のための理論

102

金利

金利は、お金の価値を測る物差しである。その起源は古く、メソポタミア時代に遡るといわれている。事業投資などでは資金が必要であり、その際の貸借の媒介をしているのが金利だ。

金利には、名目金利と実質金利の2種類がある。インフレに対する調整が行われていない名目金利と、それを差し引いて調整が行われた実質金利である。

実質金利をi_{real}、名目金利を$i_{nominal}$、インフレ率をfとすると、次の関係が成り立つ。

$$i_{real} = (1+i_{nominal}) / (1+f) - 1$$

たとえば、利子率を10%、インフレ率を5%として、100万円の預金を考えよう。すると、実質金利は、$i_{real} = (1+0.1)/(1+0.05) - 1 = 4.76\%$ であり、たとえば2年後には、109・75万円を受け取れる。名目金利を使えば121万円になるが、これをインフレ率で調整しても、受け取り額はやはり 121/(1+0.05)×2 =109.75 万円である。

複利とは、利子にも利子がつく仕組みである。たとえば、１００万円を金利10%の２年間複利で預けると1年目は１１０万円になり、２年目になると10万円にも利子がついて１２１万円になる。複利計算においては、同じ利率であれば、複利回数が大きくなるほど最終的な額は多くなる。

１年の利率は、四半期、半期でいくらになるかを計算してみよう。連続複利は、一定期間内に無限の複利計算をした場合の最終利回りをいう。その関係式は、図に示したとおりである。

たとえば、年間金利を12%とすると、半期ごとなどの金利は以下のように計算される。

毎月の金利：$(1+0.12/12)^{12}-1=12.68\%$

四半期の金利：$(1+0.12/4)^{4}-1=12.55\%$

半期の金利：$(1+0.12/2)^{2}-1=12.36\%$

連続複利金利：$2.718^{0.12}-1=12.7\%$

$$i=\left(1+\frac{r}{m}\right)^{m}$$

i ： 期間ごとの金利（%）

r ： １年の金利（%）

m ： 分割数
たとえば、半期なら２
四半期なら４

連続複利計算（m→∞）

$$i=\lim\left(1+\frac{r}{m}\right)^{m}-1$$

$$=e^{rt}-1$$

103

資本コスト

事業が生むキャッシュフローの価値は、現在価値かつ確実性等価に換算される必要がある。なぜなら、誰が事業を行うかによって、キャッシュフローがいつ発生するか、キャッシュフローのリスクがどの程度になるかに違いがあるからである。

事業が生むキャッシュフローは、それを受け取る資本提供者の価値となる。資本提供者にとっての価値を計算するためには、その期待収益率を用いればよい。

資本提供者は、事業のキャッシュフローのリスクを見極め、他の投資機会を犠牲にして、ある事業に投資を行っている。その事業のリターンが期待収益率以下であれば、同じようなリスクを持った他の投資を行ったほうがよい。したがって、事業は単に黒字であればよいというのではなく、資本提供者の期待収益率を上回るリターンを上げなければ価値がない。

期待収益率であるｒは、事業に投下される資本の機会費用を表すものであり、資本コストと呼ばれる。

資本コスト＝期待収益率

では、資本提供者の期待収益率は、どうやって知ることができるだろう。資本提供者の期待収益率は、株式市場や債権市場などの資本市場で取り引きされている価格から知ることができる。たとえば、株式市場において、ある株のリターンが5％であるならば、その株主資本の資本コストは5％である。

しかし、新たにプロジェクトを実施しようという場合には、そのプロジェクトに用いる債権が市場において何％の利回りで取り引きされ、株価がいくらになるかは実際にはわからない。そこで、資本市場でどのように価格が決まっているかという価格決定のメカニズムを知らなければならない。金融商品の価格は、リスクに応じてリターンを要求するという関係で決まっているので、リスクとリターンの関係が市場で実際にどうなっているかを知ればよい。

資本コストは、資本市場で決定されるものである。資本市場は、株式市場や債権市場に区別されている。したがって、資本コストを算定するためには、市場取引に対応した資本を分類し、その種類ごとに資本コストを求める必要がある。

資本は、大きく分けると、資本金・負債・補助金に分類される。資本金とは、出資として拠出される資本であり、株式会社の場合の株主資本である、負債とは、貸付として拠出された資本であり、借入金などである。補助金とは、事業の経営を補助するために政府など公的機関から交付される資本である。

資本提供の見返りとして、資本金には配当を、負債は利息を受け取ることができるが、補助金は一方的な交付であり、金銭的対価は発生しない。

負債への支払利息が営業外費用として損金に入れられ、法人税課税所得の減少効果があるのに対し、資本金への配当は法人税課税後の利益処分であるという違いがある。また、負債への支払利息や元本の償還には、期日と金額が契約で定められており、この契約を履行しない場合、デフォルト（債務不履行）として企業は倒産に陥る。

一方、資本金への配当は、決算期の利益に応じて支払われるものであり、契約であらかじめ定められていない。このため、配当がゼロになってもデフォルトにはならない。

会社が解散した場合の財産処分は、まず負債の返済が優先して行われ、残余財産を資本金に分配するので、資本金のリスクのほうが大きい。

（資本構成）

資本	負債
	株主資本
	補助金

	負債	資本金	補助金
対価	利息	配当	なし
元本返済	あり	なし	なし
弁済順位	先	後	
税金	配当は税引き後利益の配分	利息は損金として課税所得から控除	益金として課税所得の対象
支払い期限	契約不履行の場合はデフォルト	なし	

104

3つの指標

事業のNPVを計算するための割引率としての資本コストには、3種類ある。

1つは経験値としてのベンチマークである「MARR（Minimum Attractive Rate of Return）」、これは「ハードルレート（Hurdle Rate）」とも呼ばれる。もう1つは、「IPR（Internal Rate of Return）」、そして3つ目が「WACC（Weighted Average Cost of Return）」である。WACCは、加重平均資本コストとも呼ばれる。

MARRは、企業が投資を行う場合に経験則的に要求する期待収益率である。

IPRは事業の将来のキャッシュフローの現在価値と初期投資額が等しくなる割引率、つまりはNPV＝0として計算した利回りを意味する。

一方、WACCは、理論式による期待収益率であり、負債の資本コストr_D（利子率）と株主資本の資本コストr_E（株式リターン）がわかれば、負債額Dと株式資本額絵の加重平均値として求められる。民間企業のファイナンスの分野では、企業価値は、DとEの合計として表され、これが企業にとっての資本V（＝D＋E）となり、WACCは以下の式で定義される。

$WACC = W_D r_D + W_E r_E$（ただし、$W_D = D/V$　$W_E = 1 - W_D$）

ここで、ＩＲＲ、ＭＡＲＲ、ＷＡＣＣの大小関係を考えてみよう。

まず、ＩＲＲはＭＡＲＲよりは大きいのが理屈だろう。ＭＡＲＲを資本コストとして採用する場合でも、事業キャッシュフローの現在価値は初期投資を上回るものであるはずだ。

ＩＲＲは、キャッシュフローの現在価値と初期投資が等しくなるときの利回りであるが、ＩＲＲがＭＡＲＲを下回る場合、事業のＮＰＶはゼロとなるのだから意味をなさない。

次に、ＭＡＲＲとＷＡＣＣの比較を行ってみよう。ＭＡＲＲは、過去の平均収益率を用い、期待収益のリスク調整を平準化するために用いられる。しかしながら、このような平準化手続きには、以下のような問題がある。

図を見ればわかるように、②の領域では、リスク調整による期待収益率（ＷＣＡＡ）は、ハードルレート（ＭＡＲＲ）に対して超過となる。逆に、①の領域では、ハードルレートよりも小さな収益しか期待できないことになる。

すると、①と②の三角形の領域では、次のような不合理が生じる。

まず、①の領域では、ハードルレート（MARR）がリスク調整による期待収益（WCAA）を上回る。この場合、ハードルレートを収益の指標として用いれば、本来のリスクに照らし合わせて調整した値よりも、過大なものを期待していることになる。

逆に、期待収益率を過大に見積もれば、事業のNPVは過小評価されてしまう。つまり、事業価値が本来は正であるような場合であっても、魅力的でないものと判断されることになる。

②の領域では、ハードルレート（MARR）がリスク調整による期待収益率を下回る。このような状況では、NPVが過大評価され、実際は負であるようなNPVでも誤った判断につながる可能性が出てくる。

このように、投資の現在価値を求める場合に用いる割引率は、リスク調整に重要な影響を及ぼす。

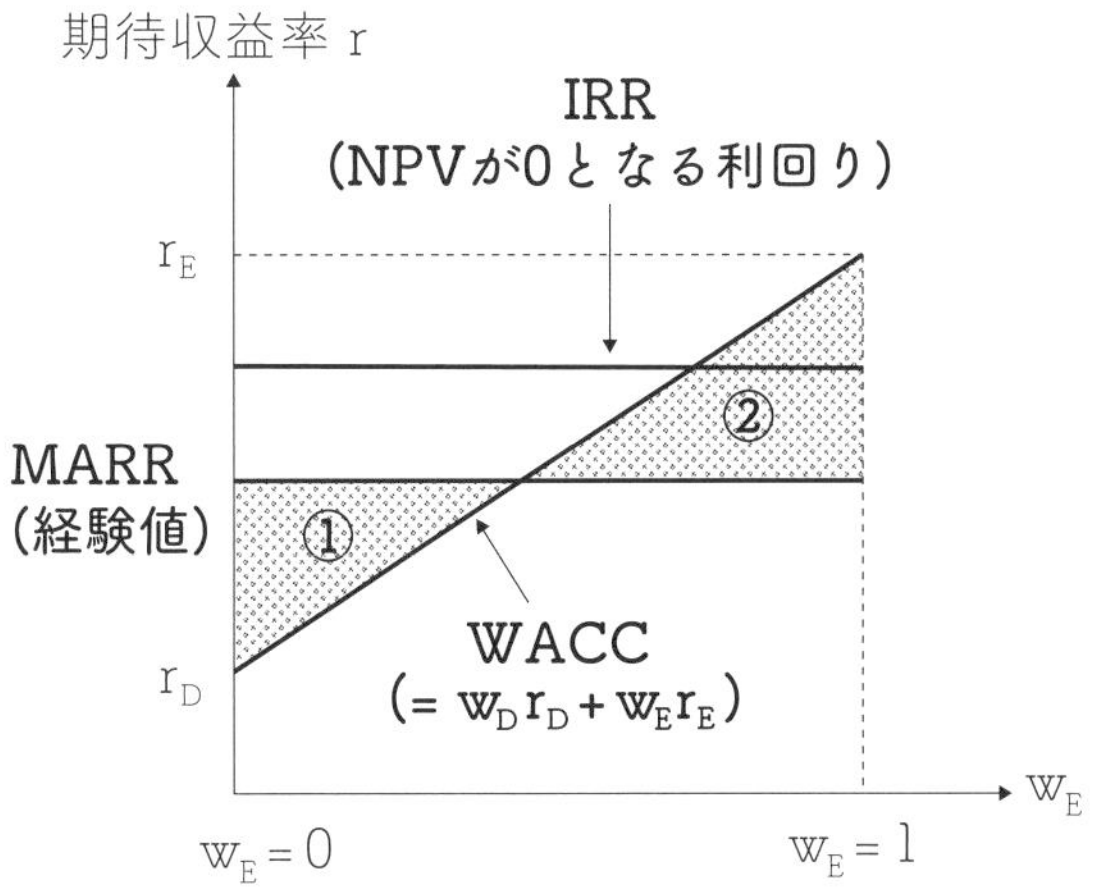

ＩＲＲについても、もう少し詳しく考えてみよう。図は、左側にあるようなキャッシュフローについて、期待収益率ｒとＮＰＶの関係を示したものである。縦軸はＮＰＶ、横軸はｒを表す。

図にあるキャッシュフローの計算の結果は、実線のとおりである。計算によると、ＮＰＶがゼロになる点は２つあり、それらは約12％と48％である。

ここに、ＩＲＲの１つ目の問題がある。通常のＮＰＶ計算は複数年にわたる。すると、ＮＰＶは高次の式になる。

なぜなら、割引係数の次数が、1/(1+r)、$1/(1+r)^2$、$1/(1+r)^3$…と順次増えていくからだ。

そのとき、NPV=0 となるような高次方程式を解くと、複数の解が出てくるのは自明のことだ。一般的には、キャッシュフローの符号の反転が１回だけであれば１つのＩＲＲが、２回であれば２つの解が、３つ以上になれば３つ以上のＩＲＲが出てくるようだ。そのとき、この例でいえば、12％と48％のどちらが正しいのかが不明になる。

次に、図のキャッシュフローの符号を全く逆にした計算をしてみる。その結果を示したのが、図の破線である。すると、ＩＲＲの値としては、同じ12％と48％が求まるが、ＮＰＶとｒ

の関係は、もとの図と対称的になる。

ここでＩＲＲとＷＡＣＣの関係を考えてみよう。もしＷＡＣＣがＩＲＲより大きい場合、もとの図（実線）ではＮＰＶは正になるが、反転させた図（破線）ではＷＡＣＣが大きくなるにしたがって、ＮＰＶは負に転じてしまう。

実際の事業評価で行うＮＰＶの計算はとても複雑であり、このような符号のプラス・マイナスがＩＦＦの計算にどのように影響を及ぼすのかはわかりにくい。

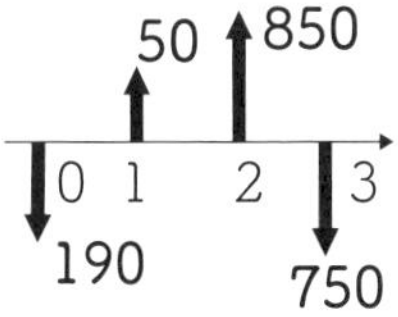

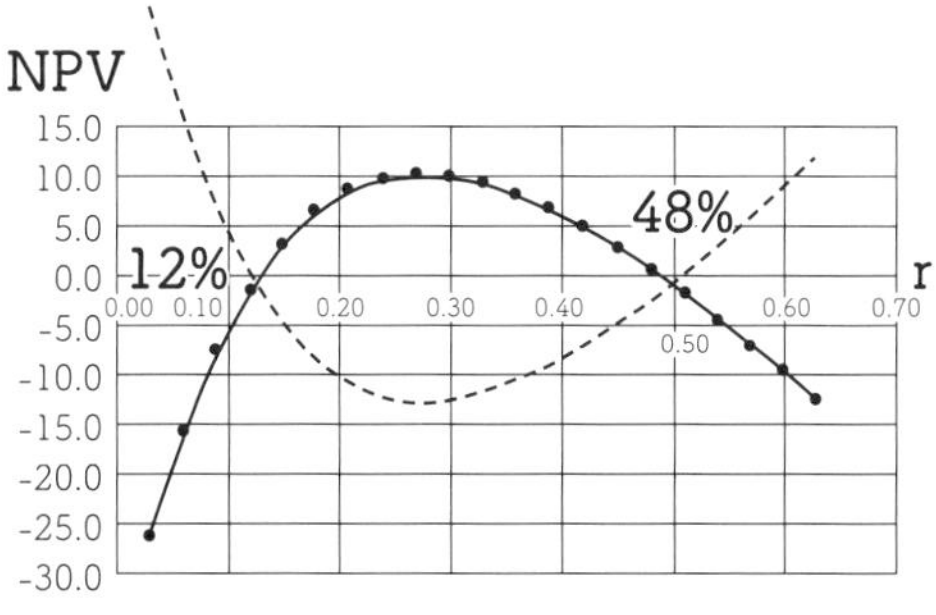

105

負債の資本コスト

負債は、銀行などからの融資としての借入金と債権に大きく分けられる。銀行の融資には基本的には担保が必要であり、債権にはその必要がない。銀行の融資と債権は代替的であり金利に大きな差はない。

債権市場から得られる利回りは、そのまま負債の資本コストとして割引率に用いることはできない。なぜなら、債権の利回りは債権投資の期待収益率とならないからである。債権の利回りには、もしもデフォルトしなければという前提がある。したがってデフォルトの確率がゼロでなければ、実際の利回りは低くなり、名目上の利回りとは違う値になる。

利回り

たとえば、額面金額100万円の債権につき、1年間に2万円の利子が支払われる場合、利率（クーポンレート）は2％である。利回りとは、1年間の運用益を％で表したものである。投資金額に対する利息も含めた収益の割合のことを意味する。

たとえば、債権を95万円で購入し、償還までの5年間保有すると、10万円の利息収入が得られる。また、償還時の差益は、$100-95=$ 5万円である。すると、5年間で合わせて15万円、年間に換算すれば3万円の収益がある。利回りは、年間収益÷投資金額として計算され、この場合3・15%である。

1年後に1のキャッシュフローがある債権の利回りを r_{yield}、期待収益を r_D、デフォルト確率を α とすると、債権のリターンは下のようになり、利回りが得られる。デフォルトすると、キャッシュフローは得られない。

一方、キャッシュフローの期待値は、

$$1 \times (1-\alpha) + 0 \times \alpha = 1-\alpha$$

となる。

市場価格
$\begin{array}{l} \overset{1-\alpha}{\diagup} 1 \\ \underset{\alpha}{\diagdown} 0 \end{array}$

利回り $\dfrac{1}{1+r_{yield}}$ 、期待収益率 $\dfrac{1-\alpha}{1+r_D}$

$r_D = (1-\alpha)r_{yield} - \alpha$

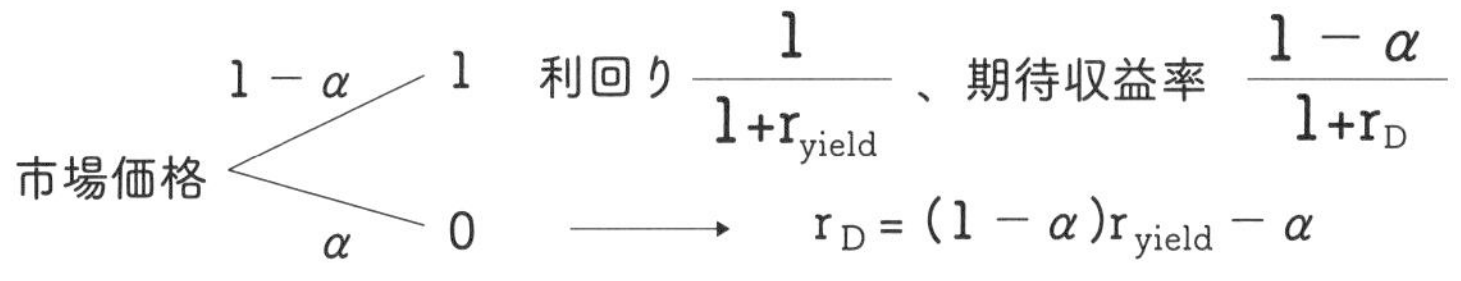

ここで、市場価格を期待収益率で表すと、

（1－α）/（1＋r_D）

である。

同じ債権の市場価格を利回りで表しても、期待収益で表しても同じである。すると、右のような債権の期待収益率が得られる。

このように、債権の期待収益は、利回りとデフォルト確率で表すことができる。

したがって、債権の期待収益率を求めるためには、利回りとデフォルト確率が必要となる。

負債には、信用リスク、流動性リスク、オペレーショナルリスクがある。

信用リスク：デフォルト（債務不履行）のリスク。

流動性リスク：予期しない資金の流出などにより、必要資金の確保が困難になるリスク。

オペレーショナルリスク：企業の役職員の不正・過失・懈怠等または事務体制自体に起因するリスク。

これら3つのリスクは「**ファイナンシャルリスク**」と呼ばれる。

ファイナンシャルリスクの中で、金利の決定にもっとも影響するのは信用リスクである。信用リスクは、財務諸表や事業リスクを分析して予測することができる。個々の投資家は自分で信用リスクを予測することはせず、格付け会社という専門家の情報を利用して信用リスクを把握している。そのため、債権の価格は、信用リスクで決まるとはいっても、実際は格付けによって決まる。それほど格付けは重要である。

格付けとは、債権の元本、利息が約定どおりに支払われる確実性の程度を、一定の符号によって段階的に表示したものである。たとえば、AAAは債務履行の確実性が極めて高い、BBBは債務履行の確実性は十分であるが注意すべき要素がある、CCCは債務不履行になる可能性が高い、などである。

デフォルト確率は、企業価値が負債の価値を下回るときの確率で表すことができる。健全な企業の負債の時価は変動しないはずである。だから、出資者にとっての企業の価値は株式時価総額になる。すると、株式市場から得られる時価総額とリターンのばらつきの度合い（標準偏差）の関係から、デフォルト確率を求めることができる。詳細は複雑になるので、これ以上の説明は省略する。

106 株主の資本コスト

（1）ポートフォリオ理論

株価の値動きは原則としては上がるか下がるかのどちらかである。この上昇と下降の可能性は長期的に見ると同じであり、過去のデータによって将来の値上がりを予測することはできない。これを、「ランダムウォーク」という。

しかし、十分に長期の過去の（ヒストリカル）株の値動きを見れば、各々の株銘柄の平均リターン、リターンの分散、および各々の株の間のリターンの共分散を用いて、期待収益率を推定することができる。

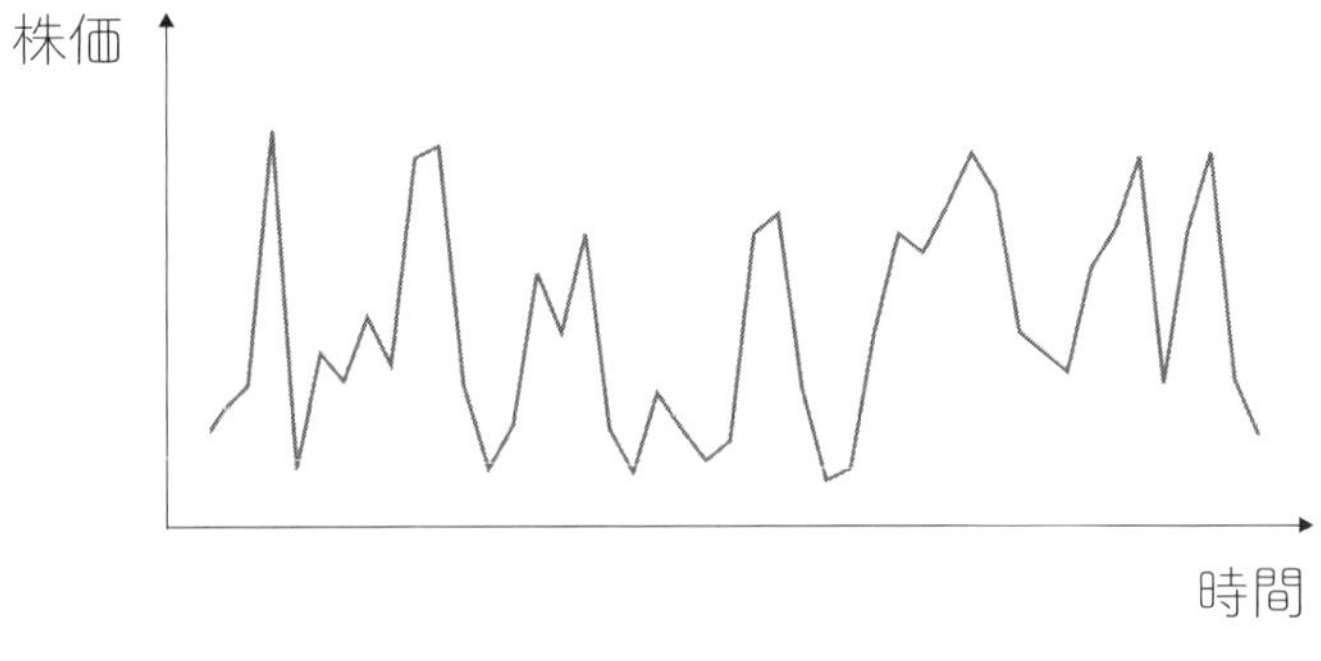

投資のむずかしさは、期待収益を最大化したい一方でリスクを低減するという相反する目的を達成しなければならない点にある。投資の目的は期待収益の最適化であるが、大きな期待収益を投資の好ましいものであるとすると、収益に生じる「ばらつき」は好ましくない特徴であるといえる。

つまり、**投資の意思決定は、リスクを最適化しながら、ある決められた資金をどの資産に投資すればもっとも大きな収益が期待できるか**という問題に帰着する。

投資の世界では、「タマゴを運ぶときは、1つのカゴに入れて運ぶよりも、複数のカゴに分けて運べ。そうすれば、全部のタマゴを失うことはない」といわれる。これは、ある1つの銘柄にすべての資金を投入するのではなく、複数の銘柄からなるポートフォリオを構築し、それぞれに資金を分散して投資すればリスクを減らせるという意味だ。ポートフォリオとは、投資している銘柄の集合体のことである。

全体が一緒になって上下する証券のポートフォリオはリスクが大きくなる組み合わせになってしまう。だから、リスクが小さな組み合わせになるポートフォリオを構築すればよい。これが「リスクの分散効果」と呼ばれるものであり、ポートフォリオ分散投資の基本原理となっている（H・マルコヴィッツ(1952)『Portfolio Selection』)。ポートフォリオ理論とは、まさに、利益と損失を相殺する、リスクの平準化戦略といえる。

株式市場において、投資家はリスクに応じたリターンを要求する。リスクとは、リターンがマイナスになることではなく、リターンが確定しておらず上下へ変動することをいう。そこで、リターンが正規分布に従うと仮定すれば、リターンの標準偏差によってリスクを測ることができる。

ポートフォリオを2つの銘柄iとjで構成してみよう。

r_i と r_j を銘柄iとjのヒストリカルなデータから計算した平均収益率、σ_i と σ_j をそれぞれのリターンの標準偏差、ρ_{ij} を銘柄iとjのリターンの相関係数とすると、ポートフォリオのリターンと標準偏差は下に示したとおりである。

銘柄iへの投資割合をwとする。

ポートフォリオの期待収益率は、

$$r_p = wr_i + (1-w)r_j$$

標準偏差は、

$$\sigma_p = [w^2\sigma_i^2 + (1-w)^2\sigma_j^2 + 2w(1-w)\rho_{ij}\sigma_i\sigma_j]^{1/2}$$

（ポートフォリオの例）

	銘柄i	銘柄j
リターン	5%	5%
標準偏差	10%	10%

⇩

r_p = 5%
σ_p = 8.9%

それぞれの銘柄のリターンや標準偏差は異なる。しかしここでは、銘柄iとj、つまり期待利益と標準偏差が全く同じであり、それぞれ5％と10％であると仮定してみよう。iとjのリターンの相関係数を0・6とする。

今、100万円の資金を両方の株に50万円ずつ投資する(w=0.5)と、ポートフォリオの期待収益率と標準偏差は、次のように計算できる。

$$r_P = 0.5 \times 5\% + 0.5 \times 5\% = 5\%$$

$$\sigma_P = \left[0.5^2 \times 10^2 + 0.5^2 \times 10^2 + 2 \times 0.5 \times 0.5 \times 0.6 \times 10 \times 10\right]^{1/2} = 8.9\%$$

結果として、ポートフォリオの期待収益率は同じでも、その標準偏差は、組み入れられた個々の株式iとjの標準偏差である10％より小さくなる。

分散投資によるリスク低減のからくりは、2つの証券のリターンの相関にある。お互いに相関の小さい証券を効果的に組み込むことにより効率的なリスク分散が可能になるからだ。

リスク分散は、相関係数が1の場合には起こらない。一方、相関係数は小さければ小さいほどリスク分散に寄与し、相関が負になればポートフォリオのリスクは著しく低下する。

それがマイナス1になると、標準偏差（リスク）はゼロとなる。

ポートフォリオのリスクは、追加的に複数の証券をポートフォリオに組み入れることでさらに低減できる。組み入れ比率wを変化させると、無数ともいえるポートフォリオの構築が可能である。

そのリスクとリターンの関係をグラフに表すと、下の図のようになる。もしも、銘柄iとjのリターンの相関係数が1の場合、組み入れ比率を変えたポートフォリオを作っても分散効果はない。

ポートフォリオのリターンと標準偏差は直線上に

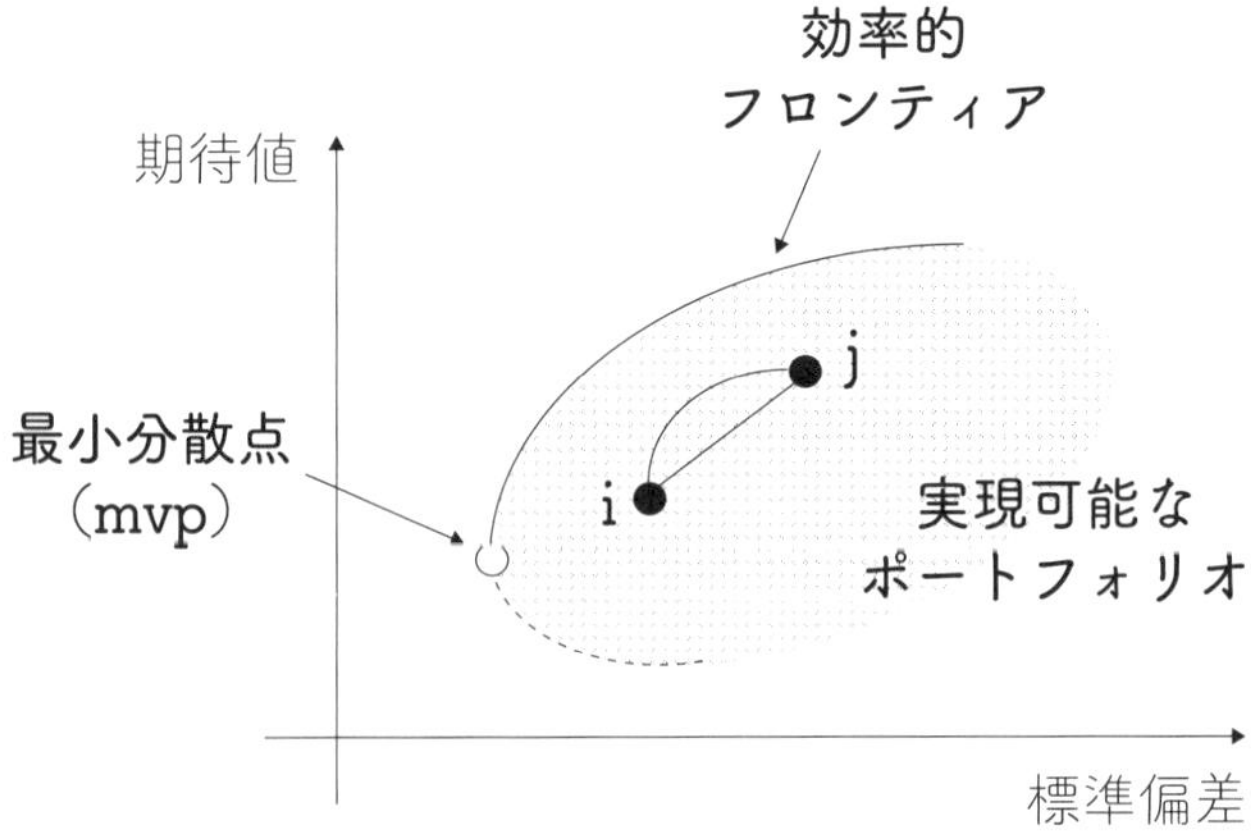

分布する。しかし、相関係数が1でなければ左上へ膨らんでいく。なぜなら、期待収益率が同じでも、標準偏差は小さくなるからだ。

左上へ行くほど、同じ期待収益率に対してリスクが小さくなり、分散投資により、より効率的なポートフォリオが構築できる。その場合、相関が小さいものほど分散投資の効果が大きくなる。

すべての組み合わせ可能なポートフォリオのリターンと標準偏差を計算しプロットすると、図が示す円の内側の集合になる。これが実現可能なポートフォリオである。

投資家はリターンが同じであるなら、なるべくリスクの小さなポートフォリオを好む。なぜならば、投資家はリスク回避的であり、リターンについてはより大きいほうを、リスクについてはより小さいほうを好むからである。したがって、円の左上の縁をなぞる曲線上のポートフォリオだけが、投資の対象として好ましいことになる。

この曲線を構成する組み合わせのポートフォリオは、投資家にとってもっとも分散効率的なものであることから、「**効率的フロンティア**（Efficient Frontier）」あるいは「**有効フロンティア**」と呼ばれる。

その中で、最小のリターンと標準偏差の組み合わせが、**「最小分散点（Minimum Variance Point：MVP）」**である。

効率的フロンティア上のポートフォリオは、十分に分散効率的である。つまり、この線上にあるポートフォリオのリスクは、これ以上分散できない。このような分散できないリスクのことを、**「システマティックリスク」**という。

ここで、ポートフォリオのシステマティックリスクについてさらに考えてみよう。

今、ポートフォリオがm個の銘柄から構成されるとし、それぞれの組み入れ比率、分散および共分散を書き表すと、図のような共分散マトリックスになる（組み入れ比率の合計は1）。

ここで、m個の銘柄について、同じ額だけ投資すると仮定すれば、すべての銘柄の組み入れ比率は $w=1/m$ である。

さらに、それぞれの分散σと共分散Covも同じであると仮定する。

m個の銘柄が組み入れられる場合、共分散の数は全部で $m \times m = m^2$ 個。その中には、m個の分散と $m^2-m = m(m-1)$ の共分散がある。

組み入れ比率は $(1/m)^2$ になるから、これをすべてに掛け合わせると、ポートフォリオの全リスクは次のように計算できる。

共分散マトリックス

$$
\begin{array}{c}
 \quad 1 \xrightarrow{\quad j \quad} m \\
\begin{array}{c} 1 \\ \Big\downarrow i \\ m \end{array}
\begin{pmatrix}
w_1{}^2\sigma_1{}^2 & \cdots\cdots & w_1w_mCov_{1m} \\
w_2w_1Cov_{21} & \cdots\cdots & w_2w_mCov_{2m} \\
\vdots & & \vdots \\
ww_1Cov_{m1} & \cdots\cdots & w_m{}^2\sigma_m{}^2
\end{pmatrix}
\end{array}
$$

一般式で表すと、

$$\sigma_p{}^2 = \Sigma_i\Sigma_j\ w_iw_jCov_{ij}\ \ (i, j = 1\text{から}m)$$

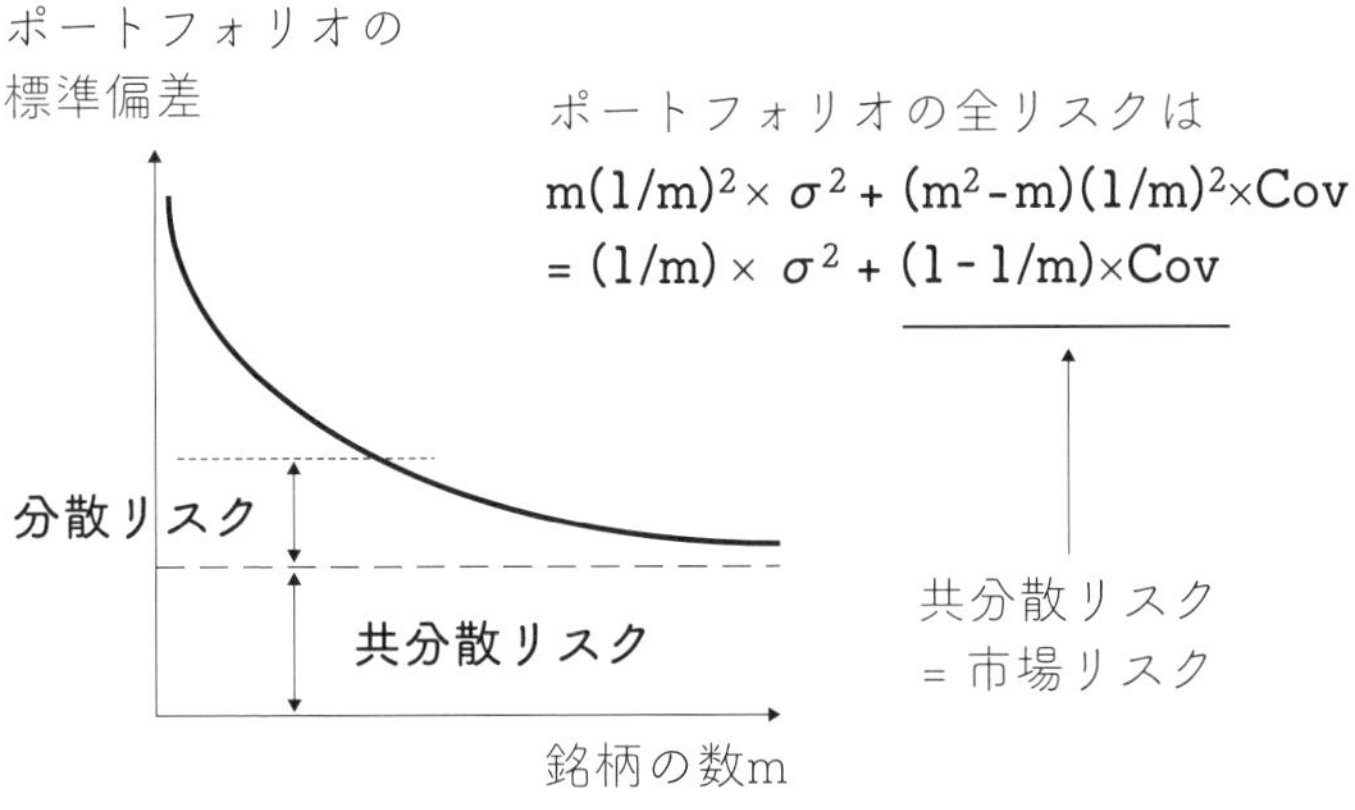

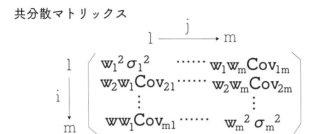

ポートフォリオの全リスク
$=(1/m)\sigma^2+(1-1/m)Cov$

ここでmを無限大にすると、式の左側は限りなくゼロになり、右側のCovだけが残る。つまり、ポートフォリオに含まれる個々の証券の分散はなくなるが、共分散の部分は残ることになる。

ポートフォリオの組み入れ銘柄数を増やし、個々の組み入れ比率を小さくすることで、分散は実質的にほぼゼロにできるが、共分散は消去できずに残る。このことから、ポートフォリオの全リスクは、分散できる部分と分散できない部分で構成されていることがわかる。

全リスク＝分散リスク＋共分散リスク

分散できる部分を「**ユニークリスク**（**Unique Risk**）」、分散できない部分を「**システマティックリスク**（**Systematic Risk**）」と呼ぶ。ユニークリスクとは、個別銘柄に起因する個別リスクであり、システマティックリスクとは、どうしても避けられないリスクである。

（2）資産価格形成モデル

システマティックリスクは、**「市場リスク」**とも呼ばれる。これは、マーケットの環境に起因するリスクである。たとえば、何か経済にダメージを与えるような大きなことが生じると、ほとんどの銘柄の株価が下落することになる。これが、「市場リスク」である。

これまではリスク資産のみのポートフォリオを考えていたが、無リスク（リスクフリー）の資産をポートフォリオに組み入れると、より有利なポートフォリオを組むことができる。

r_fはリスクフリー資産のリターンで、「無リスク金利（リスクフリーレート）」と呼ばれる。すると、図の縦軸上の点r_fから、効率的フロンティアの点Mに接する直線が実現可能となる。この直線は、効

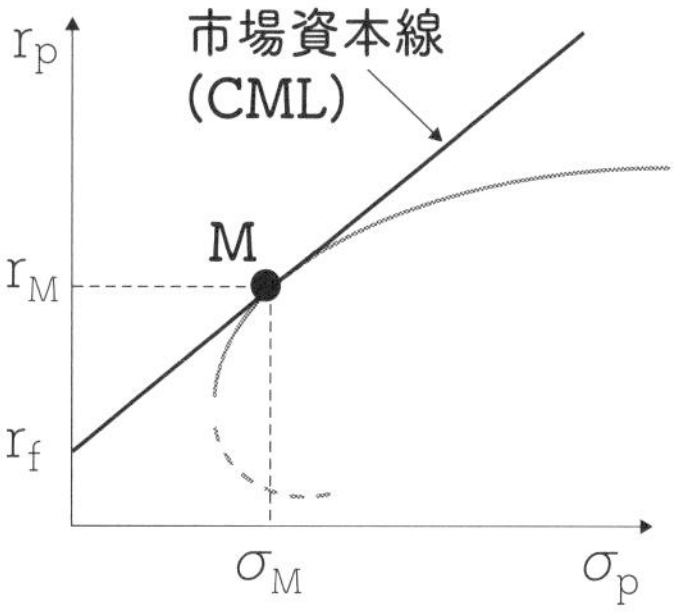

無リスクな投資割合をwとする。

期待値は、

$$r_p = wr_f + (1-w)r_M \qquad \text{(a)}$$

標準偏差は、

$$\sigma_p = [w^2\sigma_f{}^2 + (1-w)^2\sigma_M{}^2 + 2w(1-w)\rho_{fM}\sigma_f\sigma_M]^{1/2}$$

$\sigma_f = 0$だから、

$$\sigma_p = (1-w)\sigma_M \qquad \text{(b)}$$

(a)と(b)を組み合わせると、

$$r_p = r_f + \left(\frac{r_M - r_f}{\sigma_M}\right)\sigma_p \qquad \cdots ①$$

率的フロンティアよりも左上にあり、より有利となる。この直線を「**市場資本線**（**Capital Market Line：CML**）」と呼ぶ。

ここで、市場を構成する株式のリターンについて、すべての投資家が同質的な期待を持つと仮定する。すると、資本市場線は、すべての投資家について同一となる。リスクフリーレートも同じなので、すべての投資家がこの直線上のポートフォリオを選択することになる。

CML上のどのポートフォリオを選択するかは、個々の投資家のリスク回避度によって異なる。しかし、CML上のどのポートフォリオも選んでも、接点Mのリスク資産とリスクフリー資産の組み合わせを保有することになる。このMのポートフォリオを「**市場ポートフォリオ**（**Market Portfolio**）」と呼ぶ。

CMLの傾き$(r_M-r_f)/\sigma_M$は、「市場リスクプレミアム」と呼ばれ、標準偏差で測ったポートフォリオのリスクが1単位増える場合の付加的（限界的）な期待収益、つまり、マーケットが与える「リスクの市場価格（Market Price of Risk：MPR）」を表している。

資本市場線の前提に立てば、σ_Mは分散効率化された後のシステマティックリスクのみから成るので、リスクの市場価格には分散できるリスクの対価は含まれないことになる。

資本市場線では、リスクの市場価値をポートフォリオの標準偏差の増減に対して測る仕組みになっている。これは、市場ポートフォリオのように十分に分散された投資対象には有効であるが、個々の証券のリターンをそのシステマティックなリスクに対して測りたい場合には適用できない。

そこでさらに、個々の証券についてのリターンを、市場リスクとの関連で表すようなモデルを考えてみる。

投資家が保有する市場ポートフォリオは、多数の銘柄から構成されており、個々の銘柄の組み入れ比率は小さい。そのため、個々の銘柄の分散リスクも小さく、共分散の部分からなるシステマティックリスクが重要な意味を持つ。

市場ポートフォリオを運用する投資家にとって、個々の銘柄のリスク量は、その標準偏差ではなくて、銘柄の組み入れ比率を1単位増やした場合の市場ポートフォリオのリスクへの影響度によって測ることができる。

すると、その値は次のページの図にあるように Cov_{ij}/σ_M となるので、これを資本市場線の σ_P に置き換えると、個々の銘柄をそのリターンと市場ポートフォリオとの共分散との関係で表したような、「証券特性線（Market Security Line）」が得られる。

さらに、これを変形したのが「**資本資産価格モデル（Capital Asset Pricing Model：CAPM）**」である。（W・F・シャープ『Capital Asset Prices』）

$$r_i = r_f + \beta_i (r_M - r_f)$$

CAPMは、個々のリスク資産への資本投資の期待収益がどのように形成されるかを、システマティックリスクである市場リスクとの関係においてのみ決定したモデルである。この式は、個別証券の期待収益率を求めるために用いることができる。

分散投資によるポートフォリオでは、証券同士を全リスクとしての標準偏差で関連付けたのに対し、CAPMでは市場リスクとの動きを通じて表すことに成功し、システマティックリスクへの対価として

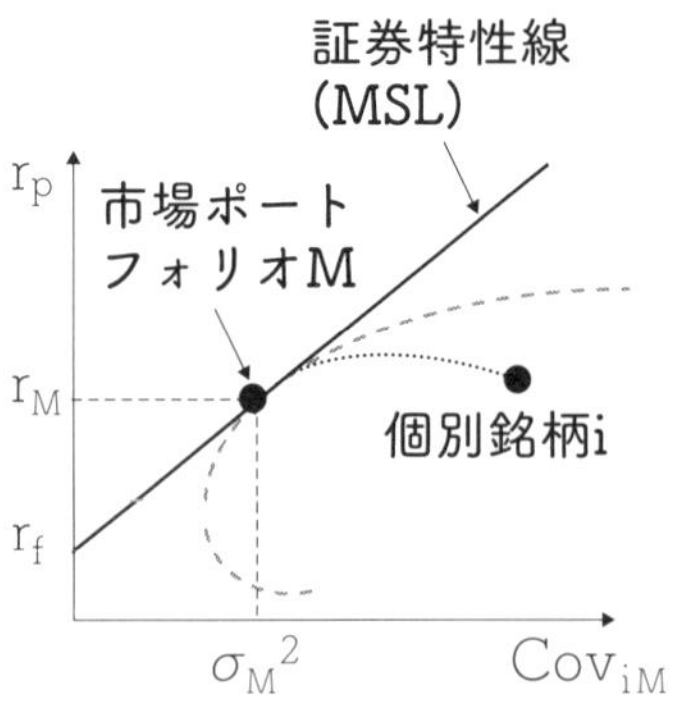

銘柄iのリスク量：$\frac{\partial \sigma_M}{\partial w_i} = \frac{Cov_{ij}}{\sigma_M}$

のσ_pを置き換える

$$r_i = r_f + \frac{r_M - r_f}{\sigma_M} \cdot \frac{Cov_{iM}}{\sigma_M}$$

$$= r_f + \frac{Cov_{iM}}{\sigma_M{}^2}(r_M - r_f) \quad \cdots②$$

ここに、

$$r_i = r_f + \beta_i (r_M - r_f) \quad \cdots③$$

$$\beta_i = \frac{Cov_{iM}}{\sigma_M{}^2}$$

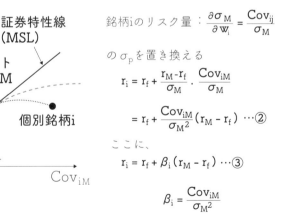

のプレミアムがβに比例することが示されている。

βは、個別証券の市場リスクへの寄与率を無次元化した指標である。定義により、市場ポートフォリオのβは1となる。βが1である証券は、市場ポートフォリオと全く同じパフォーマンスを示すことになる。

また、βがゼロとなる証券の期待収益は、リスクフリーレートに一致する。市場の動きに関連して大きく変動するような証券のβは大きく、したがって大きな期待収益率が期待できる。逆に、そのような証券のリターンは、市場リターンを大きく上回るだけでなく下回る可能性も大きい。

107 リアルオプション分析

リアルオプション価値は、伝統的NPVに対して、拡張NPV意思決定の指標として用いる場合のオプション価値である。

株価を例に、オプション価値の評価方法を考えてみよう。

今、現在の株価がSであり、株価が上昇（u）・下落（d）の2つの状態をとると想定する。たとえば、u=1.2、d=0.8。それぞれ20％の上昇と下落である。

次に、満期日まで、現実の株価の動きは上がるか下がるかのいずれかを連続的に繰り返すと考える。そして、満期までの期間を十分に大きなNに分割した格子モデル（二項モデル）を考えてみよう（J・C・コックス&M・ルービンシュタイン、『OPTIONS MARKET』）。

すると、満期までの単位時間 1/Nに上下するuとdさえ適切に評価できれば、最終点で表れる株価の分布をより高い精度で求めることができる。Nを十分に大きくすれば、その分布は正規分布に近づく。

すべての場合にuだけが発生すれば、格子の一番上の株価は $u^N S$ である。

1回だけdが発生すれば、$u^{N-1}dS$、同様に、uが1回も発生しない、つまりすべてがdである場合の株価は $d^N S$ となる。

このような分布は、二項分布と呼ばれる。

最終点の株価は、一番端から中央へ向かうほど確率が高くなる。二項分布は、Nを大きくすると正規分布に近づくことが、統計学により証明されている。

この計算が終わると、「行使価格」を満期での価格の分布に当てはめてみる。そして、実際の株価が行使価格より上方に来たときにオプションを行使する。そのときに得られる利益の期待値が実際のオプションの価値である。

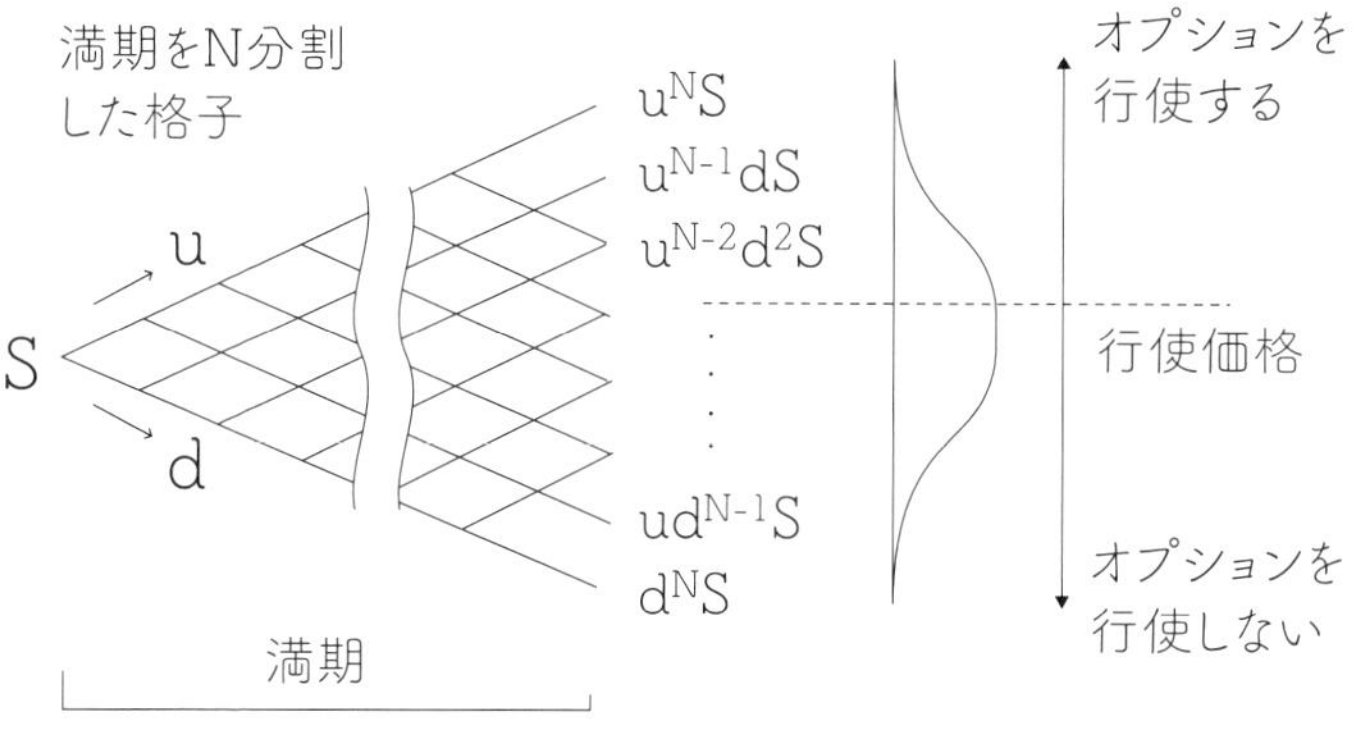

たとえば、行使価格が100円で、株価が110円になったときにオプションを行使できれば、1株あたり10円の儲けが出る。逆に、行使価格より下方でオプションを行使する場合も、基本的には同じ考えだ。

リアルオプションの場合も、同じ考え方をすればいい。たとえば、撤退オプションを考えてみよう。

現在の事業価値が100であるとして3年後をみると、それを下回る可能性がある（75と50）。もしも、3年後に実際にこのような状況になったときは、事業を継続するよりも撤退したほうがいい。それを考慮に入れると、より良い意思決定ができるはずだ。

その計算は少し複雑になるので、興味のある人は他の書籍をあたるといい（たとえば、湊隆幸、『事業の意思決定』）。

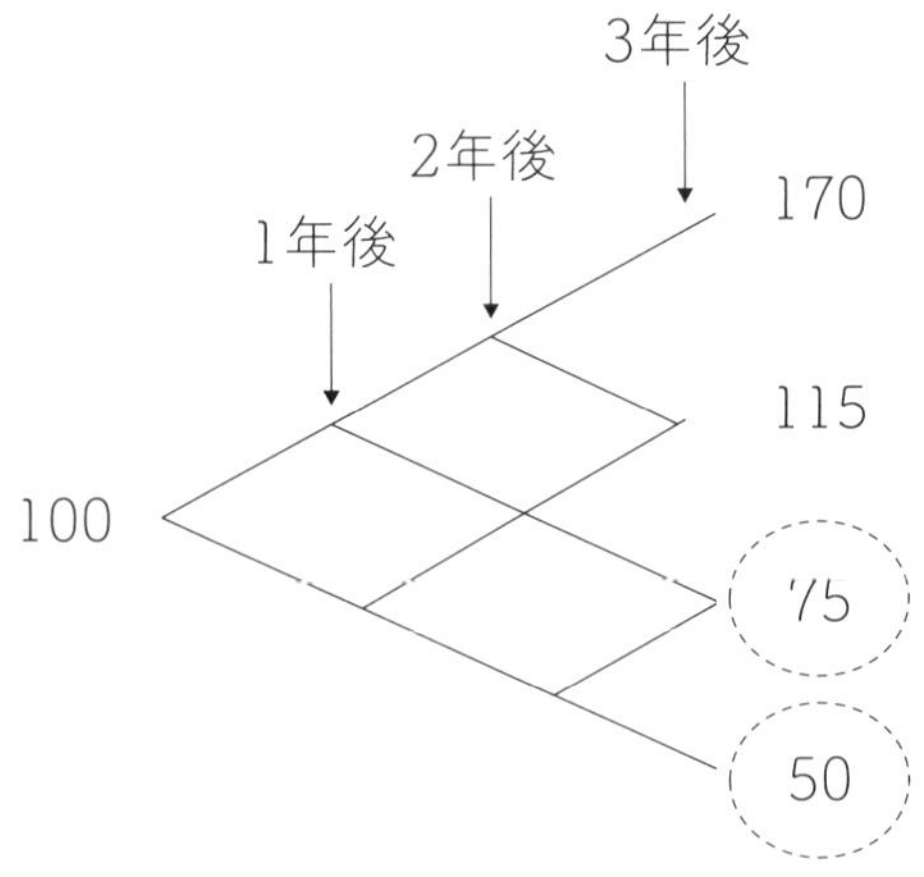

108

人生のリアルオプション

問わず語らず名もなき焼酎

あとがき

わたしは、子どものころは宇宙飛行士になりたかったのですが、どこでどうなったか、大学人として一つの職業人生を終えることになりました。大学で働くことなど全く夢にも思っていなかったので、流れ弾にでも当ったような自分の人生です。目標に向かう線路を歩いているつもりでも、降りた駅は自分が思ったところではなく、そしてそこでまた別の線路を歩くと、また違った駅にたどり着く、そんな感じと言えるでしょうか。人生とは、自分の思いどおりにならず、何かの力に引き寄せられたり、ときには跳ね返されたり。引力と斥力が働いているような、実に不思議なものだと感じざるを得ません。

そんなふうにしてたどり着いたところですが、本音というわけではないけど、大学という社会はおもしろくもあり、つまらなくもあります。つまらないのは、そこが狭い知識に偏向した閉じた社会であることです。学問の場だからといって、聖地であるわけでもありません。そんな閉じた社会の日常は、正直なところ、あまりおもしろくありません。

しかし、一つだけ、とてもいいことがあります。それは、この職場の「お客さん」が若い人たちであることです。しかも、大学院ともなれば、学生は二年ごとに入れ替わります。ですので、毎年毎年、その時代の若い人たちの感性に触れることができます。来る者は拒まず、去る者は追わず。わたしの学生たちは、わたしから何か学問のようなことを習った記憶はないようです。それもそのはずで、研究室では、いつも雑談とも言えるような、人生論みたいな話をしていました。わたしはとにかく群れるのが嫌なので、学生との面談もいつも一対一。ですので、彼らも気軽に話せたのではないかと思います。個人はみんな人それぞれ目的や興味も違いますので、学生と対話する時間だけは惜しまなかったつもりです。

ときには、きびしく叱責するようなことがあったかもしれませんが、それはゴメン。でも、後になって考えてみると、今でも心に残っているのは、叱った学生か、まったく叱る必要のなかった学生な気がします。そんな学生たちからは、わたし自身が多くのことを学んだからです。

私事にはなりますが、大学を定年退職した後のおもしろい話がありますので、一つだけ書いておこうと思います。定年すると、退職給付金をもらえるようです。わたしは、そんなことは実は知らなかったのですが、友人が教えてくれたので、ハローワークに手続きに行きました。

そのとき職員の方がこんなことを、ニコッとしながら聞いてきました。「ここに来られるのは初めてですよね?」おそらく、私の最終職歴を見てそのようにおっしゃったのだと思います。わたしも心の中で苦笑してしまいましたが、実はそうではありません。過去にすでに二回もお世話になっています。つまり、二回失職した経験があります。

わたしは、大学卒業後、会社勤めをしましたが、どうも日本社会の水に合わないというか、田舎育ちの自分に都会が合わないというか、三十歳ちょっとすぎで会社を辞めて、米国に留学しました。もう三十年以上も前の話ですが、その当時は終身雇用が社会の常識みたいなもので、会社を辞めるなどとても珍しかったのではないかと思います。ましてや、結婚して二人の子どもがいたのですから、まわりからは相当な反対や、中にはバカじゃないかと言わんばかりの人たちもいました。もっと言うなら、お前に留学などできるはずはないと面と向かって言った会社の人だっていました。

でも、わたしはそんなことは何も気にならず、どうにかなるくらいにしか考えませんでした。妻や子どもたちも、わたしと縁を持ってしまった運命共同体と勝手に思っていました。いくつかの理由がありますが、何かやり残したことをずっと感じていたからです。おそらく、歳をとってから後悔したくなかったのだと思います。

そんな中でも、二人だけわたしを理解してくれた人がいました。一人は、わたしの妻（裕子）で、もう一人はそのときのわたしの直属の上司だった藤井紘和さんです。藤井さんは、「そんなに思っているのならば、やってみろ」と言って快く辞めさせてくれました。その藤井さんは、わたしが留学した後、何年か経って。「お金に困っていることはないか？」と、今の金額としても相当なお金を送ってくださいました。嬉しいのと心苦しいのと半々でしたが、ご厚意に甘えさせていただいたのを覚えています。ありがとうございました。

留学時には、また、辞めた会社の一年後輩だった道下勲さんが、同じ大学に留学してきました。道下さんは、会社のサッカー部でときどき会っていたので、知っていました。道下さんにも、いくつか大変お世話になりました。一つは山火事のときです。わたしが住んでいた家族寮の裏山で大火事があり、約三千軒が燃えました。その日は、わたしたちは出かけていました。翌日は、三人目の子どもの出産予定日だったのですが、まだ生まれそうにないと妻が言うので、子ども二人（宗一郎と志保）、それと出産の手伝いに来てくれていた義母（上西ミドリ）へのお礼のつもりで、五人で近くのシーワールドにシャチのショーを見に行っていました。しかし、帰ったときには、火の手は寮の近くまで迫っており、すでに建物は立ち入り禁止になっていました。そこで一晩、道下さんの家に泊めてもらいました。

余談にはなりますが、義母は「焼けたらおしまい」などと言いながら、道下さんの家の芝生に悠長に横たわり、遠くに燃え上がる煙を見ていたのを思い出します。わたしは高校三年のときに、母（美代子）の同級生のおばちゃん（永吉マリさん）の家に一年間お世話になりました。わたしは女手一つで育てられましたが、不登校児だったので、母親が手を焼いたのでしょう。

彼女ら三人の「おごじょ」（鹿児島弁で女性の意味）は、戦禍の中で女学校に通っていたらしいです。登校のときなどにも、パイロットの顔が見えるような低空から機関銃を連続射撃されて、田んぼの畔道《あぜみち》などに隠れながら通学していたらしいです。だからかどうかはわかりませんが、そんな人たちはどこか何かが強い、度胸がある。
だけど、もう戦争は二度としてはいけない。三人とも今年九十一歳。もっと長生きしてほしいと思います。

余談が入りましたが、寮が焼けたら、書き上げてきた論文も何もかもなくなり、自分の命運も尽きたか、と帰国を覚悟していたのですが、幸運にも火は近くまで来て消えました。いや、消されたのです。九死に一生。クレアモント・ホテルという歴史的建造物があり、それを越えると火は市中に広がるので、消防ヘリが必死でその砦を守ったのだと思います。

道下さんには、あのときも、その後も、今日に至るまでいろいろとお付き合いさせていただき、心から感謝しています。彼はヨットが趣味で、そのうちに太平洋単独横断をなさるらしいです。先日も、一時帰国している間に海外に係留していたヨットがシロアリによって全滅させられ、今は修復中との連絡がありました。シロアリ恐るべしとか言いながら、悠々とされています。是非とも彼の夢が叶うように祈っております。

留学は、わたしの人生の転機でしたが、職業としての大学に門戸を開いてくださったのは、東海大学の和田明先生でした。一度もお会いしたことのない先生から、私が書いた一通の手紙にご返事をいただき、感謝に堪えません。

そのおかげで、世界中の素晴らしい人たちに出会う人生が始まりました。海外の人などいないような山奥のホテルで朝食を食べていたら、「先生」と声をかけられたこともあります。昔、アジア工科大学院でわたしの講義を受けたとのこと。またあるときは、海外で論文発表をしていたら、わたしは気づかなかったのですが、前の発表者が同じく当時の学生だったということもありました。アジア工科大学院には二年間しかいなかったのですが、そこで出会った学生たちのうち七人が世界中で大学の先生になっています。今ではもう、わたしなんかが足元にも及ばないほど活躍してくれていて、まさに教師冥利。そんな教え子たちからは、今でもとても大切にしてもらい、幸せそのものです。その後、東京大学の大学院に職を得て、二十余年。その卒業生たちも、社会で活躍しているようです。年に一度、七夕の会というのを作って集まっていたのですが、最近は途絶えていて、また再開できればと思ってます。

片田舎から東京に出てきたこと自体が何かの拍子でしたが、その後、職場も都会もどんどん自分には窮屈に感じられて、大学院の傍ら、世界中を出歩いていました。そして、宝物となるような素晴らしい人たちと出会いました。

本書を書くにあたっては、何人かの方々に貴重な意見などをいただきました。藤平慶太さん、中山東太さん、庄子真由美さん、河嵜祐之さん、山崎茂樹さん、松村遼右さん、田嶋志保さんには深く感謝します。

わたしは、定年退職後は、長年続けてきた、ある途上国での活動を続ける予定だったのですが、その国で起きたクーデターにより、その先が見えなくなってしまいました。そんなとき、藤熊浩平さんに、偶然にもこの本を書くきっかけを作っていただきました。本書は、その国で人生を奪われたような友人たちに思いを馳せながら書くことになりました。いつかきっとまた会えると信じています。

その藤熊浩平さんは、彼が東大大学院生だった時代に、ともに時間を過ごしました。もう二十年くらい以上前になりますが、わたしなど逆立ちしても勝てないと思うほど、頭脳も人格も飛び抜けていたのを覚えています。彼とは偶然にも、ご子息とわたしの孫が同じ小学校の一学年違いであることが今回わかり、あまりの偶然の一致にまたまた二人で驚きました。

この本の版元を営み、編集者でもある干場弓子さんを紹介してくださったのも、藤熊さんです。藤熊さんを通じた何かの「縁」というしかありません。

干場さんとは、やりとりをする中で、まさにプロと感じるような瞬間が何回もあり、勉強になりました。

図とイラストは、息子の洋輔が手伝ってくれました。こんな形で一緒に仕事するとは思ってもいなかったので、感無量です。ありがとう。

こんな人たちに囲まれていると、「なーんだ、自分の人生は運だらけか」と思ったりもします。自分が今日あるのも、そのような皆さんのおかげだと思います。改めて、皆さまにもお礼申し上げます。

以上

星の輝き　生きてる証

湊　隆幸

令和四年八月二十四日　自宅にて

著者紹介

湊 隆幸（みなと たかゆき）

鹿児島県出身。1980年に鹿児島大学を卒業後、実務経験を経て、
カリフォルニア大学バークレー校（Ph.D.）。帰国後、東海大学、アジア工科大学院を経て、
2000年４月から東京大学、2022年３月に定年退職。
その間、世界銀行グループのコンサルタントなど、実務経験も多数。
現在は、国内外の大学の非常勤講師をする傍ら、
フリーランスとして、自分の興味のあることを続けている。
単著に『事業の意思決定』（技法堂出版）。

図・イラスト

湊 洋輔（みなと ようすけ）

2016年、筑波大学大学院システム情報工学研究科を修了（修士）。
大手企業でITエンジニアとして働いた後、退職。
現在は、フリーのイラストレーター、プログラマーとして活動中。

BOW BOOKS 013

人生のリアルオプション

仕事と投資と人生の「意思決定論」入門

発行日	2022年11月15日　第１刷
著　者	湊 隆幸
発行者	干場弓子
発行所	株式会社BOW&PARTNERS https://www.bow.jp　info@bow.jp
発売所	株式会社中央経済グループパブリッシング 〒101-0051　東京都千代田区神田神保町1-31-2 電話 03-3293-3381　FAX 03-3291-4437
図・イラスト	湊　洋輔
トレース	トモエキコウ
装　丁	杉山健太郎
編集協力+DTP	BK's Factory
校　正	鷗来堂
印刷所	中央精版印刷株式会社

 ISBN978-4-502-44131-8

BOW BOOKS

時代に矢を射る　明日に矢を放つ

WORK と LIFE の SHIFT のその先へ。
この数年、時代は大きく動いている。
人々の価値観は大きく変わってきている。
少なくとも、かつて、一世を風靡した時代の旗手たちが説いてきた、
お金、効率、競争、個人といったキーワードは、もはや私たちの心を震わせない。
仕事、成功、そして、人と人との関係、組織との関係、
社会との関係が再定義されようとしている。
幸福の価値基準が変わってきているのだ。

では、その基準とは？　何を指針にした、
どんな働き方、生き方が求められているのか？

大きな変革の時が常にそうであるように、
その渦中は混沌としていて、まだ定かにこれとは見えない。
だからこそ、時代は、次世代の旗手を求めている。
彼らが世界を変える日を待っている。
あるいは、世界を変える人に影響を与える人の発信を待っている。

BOW BOOKS は、そんな彼らの発信の場である。
本の力とは、私たち一人一人の力は小さいかもしれないけれど、
多くの人に、あるいは、特別な誰かに、影響を与えることができることだ。
BOW BOOKS は、世界を変える人に影響を与える次世代の旗手を創出し、
その声という矢を、強靭な弓（BOW）がごとく、
強く遠くに届ける力であり、PARTNER である。

世界は、世界を変える人を待っている。
世界を変える人に影響を与える人を待っている。
それは、あなたかもしれない。